W0307761

Philip Matyszak

Antikes Sammelsurium

PHILIP MATYSZAK

PHILIP MATYSZAK

ANTIKES SAMMELSURIUM

Skurriles und Kurioses
von Ovid bis Caesar

Mit 109 Illustrationen

Für meinen Bruder Conrad

Schmutztitel *Zwei römische Musiker, die auf einer* Hydraulis/*einem* Hydraulus *(Wasserorgel) und einem* Cornu *(Horn) spielen. Die Darstellung stammt von einem im saarländischen Nennig gefundenen Mosaik, auf dem das Duo Gladiatorenkämpfe musikalisch untermalt.*

Frontispiz *Ödipus löst das Rätsel der Sphinx. – Darstellung auf einer Trinkschale im attischen Stil aus der italienischen Etruskerstadt Volci/Vulci.*

Bibliografische Information der Deutschen Nationalbibliothek
Die Deutsche Nationalbibliothek verzeichnet diese Publikation in der Deutschen Nationalbibliografie; detaillierte bibliografische Daten sind im Internet über http://dnb.d-nb.de abrufbar.

Englische Originalausgabe:
Classical Compendium
A Miscellany of Curious Facts, Bizarre beliefs & Scandalous Gossip from Ancient Greece and Rome
Thames & Hudson Ltd., London, 2010
© Philip Matyszak

Deutsche Ausgabe© 2011 Konrad Theiss Verlag GmbH
Alle Rechte vorbehalten
Übersetzung: Michael Bayer
Lektorat: Steffen Unger, Mechernich-Satzvey
Satz und Gestaltung: DOPPELPUNKT, Stuttgart
Repro: digigra4, Fellbach
Druck und Bindung: CPI – Ebner & Spiegel, Ulm

ISBN 978-3-8062-2426-9

Elektronisch ist folgende Ausgabe erhältlich:
eBook (PDF): 978-3-8062-2480-1(Buchhandel)

Lizenzausgabe für: WBG (Wissenschaftliche Buchgesellschaft), Darmstadt
www.wbg-wissenverbindet.de
ISBN 978-3-534-23794-4

Elektronisch ist folgende Ausgabe erhältlich:
eBook (PDF): 978-3-534-72084-2 (für Mitglieder der WBG)

Inhalt

I Unglaubliche Reisen und Wunder 6
II Allerlei Militärisches 24
III Seltsame Überzeugungen 46
IV Gefährliche Prophezeiungen 62
V Die Klatschkolumne 80
VI Von der Liebe und den Frauen 94
VII Tiergeschichten 110
VIII Merkwürdige Berufe 128
IX Kriminalgeschichten 146
X Ein Ende mit Stil 164

Einleitung

Bereits die Menschen des Altertums liebten „Miszellaneen" – schriftliche Sammlungen unterschiedlichster Gegenstände. Auch das vorliegende Buch erforderte die Fähigkeiten eines Sammlers sowie eines Autors. Jede Geschichte sollte dabei interessant und unterhaltsam sein, aber auch etwas darüber erzählen, wie die Griechen und Römer die Welt sahen und wie sehr ihre Vorstellungen manchmal den unseren ähnelten.

Dort, wo die Geschichte offensichtlich falsch ist oder eher unglaubwürdig, weise ich natürlich darauf hin. Dabei hielten bereits die damaligen Menschen viele der hier aufgeführten Dinge für skurril oder bizarr. Andere wurden gerade deswegen aufgenommen, weil sie uns außergewöhnlich erscheinen, damals jedoch nicht weiter auffielen.

Plinius und Plutarch (1./2. Jh. n. Chr.) führen uns in eine völlig andere klassische Welt als die der streng-erhabenen Tempel und komplizierten Grammatiken. Deren Menschen liebten eine gute Geschichte und gaben diese bei Abendgesellschaften weiter. Tatsächlich wurden viele dieser Anekdoten wohl erstmals bei einer Schale Wein ausgetauscht. Vermutlich würde es diese geistreichen Erzähler aufs Höchste erfreuen, wenn sie wüssten, dass einige ihrer Geschichten noch 2000 Jahre später so frisch und unterhaltsam wirken wie zu ihrer Zeit.

I

Unglaubliche Reisen & und Wunder

In der antiken Welt verließen die Menschen im Allgemeinen ihr ganzes Leben lang ihre Heimatgegend nicht. Das Reisen war schwierig, teuer und höchst gefährlich. Trotz dieser Unbilden und Schwierigkeiten unternahmen jedoch einige von ihnen lange und ausgedehnte Fahrten. Diese Reisenden brachten Geschichten von weit entfernten Völkern und wunderbaren Orten mit, von denen einige wahr, viele andere jedoch reine Fantasiegespinste waren.

Alexandrinische Münze mit einer Darstellung des Großen Leuchtturms auf Pharos.

Der Zug der Zehntausend

In den Kriegen des 5. Jahrhunderts v. Chr. gegen die Perser hatte sich gezeigt, dass die Griechen allgemein die besseren Soldaten waren. Daher versammelte Kyros, ein Mitglied der persischen Herrscherfamilie, ein Söldnerheer aus 10 000 griechischen Hopliten, um seinen Bruder Artaxerxes II., den persischen König der Könige, vom Thron zu stoßen. Im Jahr 401 v. Chr. traf es am Euphrat bei Kunaxa, etwas nördlich von Babylon, auf die Truppen des Großkönigs.

Die Griechen schlugen sich gut, im Gegensatz zu anderen Truppenteilen. Kyros fiel in der Schlacht. Daraufhin zerstörten die Perser das Lager und die Vorräte der Griechen. Als die Söldnerführer zu verhandeln versuchten, wurden sie auf verräterische Weise in eine Falle gelockt und umgebracht. So fanden sich die 10 000 Soldaten plötzlich ohne Vorräte, Stützpunkte, Soldgeber und Anführer inmitten eines feindlichen Reiches wieder.

Sie wählten neue Führer und marschierten zurück – 800 Kilometer quer durch das Persische Reich. Auf dem ganzen Weg hatten sie schwer unter Schneestürmen, Nahrungsmangel, Erfrierungen und ständigen Scharmützeln mit dem Feind zu leiden. Schließlich waren sie auf 6000 Mann zusammengeschrumpft. Einer der Anführer der Truppen, Xenophon, verfasste später einen persönlichen Bericht dieses Rückmarsches *(Anabasis)*, bekannt als „Der Zug der Zehntausend".

Der vielleicht dramatischste Moment ereignete sich, als Xenophon, der die Nachhut befehligte, plötzlich weit vor sich eine große Unruhe bemerkte. Er glaubte, die Spitze des Zuges sei in einen Hinterhalt geraten und preschte nach vorn. Dort hörte er jedoch viele Stimmen rufen: „Thalatta! Thalatta!" („Das Meer! Das Meer!"). Obwohl noch ein längerer Marsch und zahlreiche Kämpfe vor ihnen lagen, hatten die Griechen das Schlimmste überstanden hatten.

Waren bereits die Phönizier in Kapstadt?

Herodot (5. Jh. v. Chr.) sammelte die Berichte vieler Reisender, von denen allerdings nicht alle gleichermaßen glaubhaft erscheinen. Die folgende Geschichte erzählt von einer außergewöhnlichen Leistung: der Umschiffung Afrikas im Jahr 600 v. Chr.

Der ägyptische König Necho sandte eine von Phöniziern bemannte Flotte aus und befahl ihr, zuerst nach Süden, dann nach Westen zu segeln, um schließlich durch die Säulen des Herakles [die Straße von Gibraltar] ins Mittelmeer und somit nach Ägypten zurückzukehren. Die Phönizier segelten aus dem Roten Meer in den Ozean hinaus. Wenn es Herbst wurde, legten sie an einem geeigneten Küstenort an, besäten das Land und warteten auf die nächstjährige Ernte. Hatten sie diese eingebracht, gingen sie wieder an Bord und fuhren weiter. Nach zwei vollen Jahren durchfuhren sie im dritten die Säulen des Herakles und trafen kurz darauf wieder in Ägypten ein. Diese Männer behaupteten – mag glauben, wer will, ich glaube es nicht –, dass sie bei der Umfahrung des südlichen Endes von Afrika die Sonne zu ihrer Rechten, also im Norden, gehabt hätten.

HERODOT, *HISTORIEN*, IV, 42

Dass sie die Sonne im Norden sahen, lässt vermuten, dass sie zumindest den Äquator überquert hatten. Wenn der Bericht stimmt, ist Afrika bereits 2000 Jahre vor Vasco da Gama umschifft worden.

WUNDERSAME AFRIKANISCHE FRAUEN

Hanno der Seefahrer, ein Karthager, hinterließ einen Bericht über eine Seereise nach Westafrika, die etwa 100 Jahre später stattfand. Dabei fingen sie zwei „unglaublich behaarte und barbarische Frauen“ ein. Da diese „vollkommen wild und widerspenstig“ waren, ließ Hanno sie töten und kehrte mit ihrer Haut nach Hause zurück. Er nannte diese „Wilden“ *Gorillas,* so wie man sie auch heute noch nennt.

DER TIEFE SÜDEN

Obwohl Griechen und Römer das nördliche Afrika gut kannten, versuchten sie kaum, die Sahara zu durchqueren, wobei einige furchtlose Forschungsreisende vielleicht sogar bis nach Timbuktu gelangten. Im Folgenden beschreibt Herodot eine solche Reise:

Was ich euch jetzt erzähle, habe ich von einem Bürger Kyrenes gehört. Als dieser einmal das Orakelheiligtum des Ammon besuchte, sei ihm Etearchos, der König der Ammonier, begegnet. Dabei sei das Gespräch auch auf den Nil gekommen und dass dessen Quelle bisher kein Mensch gefunden habe. Etearchos … habe dann die folgende Geschichte erzählt: Einige ausgelassene junge Männer aus dem Volk der Nasamoner hätten allerlei wilde Streiche ausgeheckt und dabei einmal sogar fünf unter sich durch das Los bestimmt, die Wüstengebiete Libyens zu erforschen und in das Landesinnere vorzustoßen, wo zuvor noch kein Mensch gewesen war …

Nachdem sie viele Tage nur durch ein riesiges Sandgebiet gewandert waren, erreichten sie eine Ebene, auf der Bäume wuchsen. Als sie sich diesen näherten, sahen sie, dass sie voller Früchte waren, die sie nun zu pflücken begannen. Während sie dies taten, näherten sich ihnen etliche Männer, die kleiner als der Durchschnitt waren. Diese nahmen die Reisenden gefangen und führten sie mit sich fort. Die Nasamoner verstanden deren Sprache nicht, so wie diese die der Reisenden nicht verstanden. Sie brachten sie in eine Stadt, deren Einwohner ebenso klein wie ihre Führer und von schwarzer Hautfarbe waren. Ein großer Fluss voller Krokodile floss von Westen nach Osten an dieser Stadt vorbei. HERODOT, *HISTORIEN*, II, 32

„Semper aliquid novi Africam adferre“ („Aus Afrika kommt immer etwas Neues“). Dieser Spruch Plinius’ des Älteren zeigt die römische Faszination für Afrika, die auch dieses Bild aus einem Haus in Pompeji beweist.

Vom Flüchtling zum Eroberer

Mithridates VI., der König von Pontos aus dem 2./1. Jh. v. Chr., war eine beeindruckende Persönlichkeit. Einmal drohte sein Schiff in einem schweren Sturm zu sinken, als plötzlich ein Piratenschiff auftauchte. Mithridates überredete die Piraten, ihn nicht nur zu retten, sondern sein Schiff auch noch in einen sicheren Hafen zu schleppen.

Nach seiner Niederlage gegen die Römer 66–65 v. Chr. floh Mithridates in die barbarischen und unerforschten Weiten Skythiens am Schwarzen Meer – ein Gebiet, das für die Völker des Mittelmeers ähnlich fremd und unheimlich war wie für die viktorianischen Forschungsreisenden das „dunkelste Afrika".

Der Historiker Appian (1./2. Jh. n. Chr.) berichtet, dass Mithridates trotz dieser Hindernisse „durch das Gebiet kriegerischer und fremdartiger Skythenvölker teils mit deren Erlaubnis, teils mit Gewalt seinen Weg nahm, da er doch immer noch Ehrfurcht gebietend und gefürchtet war."

Zu denen, die Mithridates' Flucht begrüßten, gehörte auch sein treuloser Sohn Machares, der zu den Römern abgefallen war, da diese ihn das Bosporanische Reich auf der heutigen Krim weiterhin regieren ließen. Obwohl niemand weiß, wie er es schaffte, überstand Mithridates den 800 Kilometer langen Zug in das Königreich seines Sohnes. Auf dem Weg sammelte er sogar aus den wilden Völkern der gesamten Region eine Armee, mit deren Hilfe er wie eine Furie in das Reich einfiel und seinen Sohn besiegte, der daraufhin Selbstmord beging.

Eine Silber-Tetradrachme des Mithridates. Eine Münze wie diese entsprach etwa dem Wochensold eines Soldaten.

Ein schlechte Ökobilanz

Für die Bürger des frühen Römischen Reichs waren Zitronen neue, exotische Produkte.

Unsere Annahme, dass in der antiken Welt hauptsächlich die ökologisch korrekten Prinzipien des lokalen Anbaus zum Tragen kamen, ist nicht ganz richtig. Viele der in Rom konsumierten Lebensmittel wurden aus weit entfernten Gegenden importiert. Tatsächlich wussten oft sogar weder Produzenten noch Konsumenten von der Existenz des anderen. Dies traf vor allem auf Gewürze wie Kassia, Gewürznelken, Muskat und Ingwer zu, die aus Südchina oder sogar Indonesien stammten. Sie wurden in großen Ballen zusammen mit anderen exotischen Gütern wie Seide befördert, deren Seltenheit den Handel trotz der extrem hohen Transportkosten rentabel machte.

Vom chinesischen Jadetor brachen Karawanen auf, die die Gewürze auf der berühmten Seidenstraße nach Buchara und Samarkand brachten. Tatsächlich handelte es sich dabei um mehrere Routen, die je nach den vorherrschenden militärischen und ökonomischen Verhältnissen wechselten. Die Gewürze wurden dabei auf den lokalen Märkten gehandelt und jedes Mal mit Gewinn weiterverkauft. Dabei gelangten sie immer weiter nach Westen.

Einige endeten in Indien. Die Gewürze wurden auf spezielle Gewürzschiffe geladen, die zudem den dort produzierten Pfeffer beförderten. Die Frachtschiffe segelten entlang der Küste, dann durch das Rote Meer und entluden ihre Waren schließlich im ägyptischen Mussolon. Eine weitere Karawane brachte sie nach Alexandria. Von dort gelangten sie nach Rom. Hier wurden mit diesen von der anderen Seite des Planeten stammenden Gewürzen der Wein und solche Delikatessen wie Pfauenhirn oder gefüllte Saueuter verfeinert.

Handelsgüter

Neben den Gewürzen gelangten noch weitere Waren aus fernen Ländern nach Rom. Zu diesen exotischen Handelsgütern gehörten unter anderem: Teakholz, Rhinozeroshörner, Sandelholz, chinesische Lackarbeiten, Bernstein, Schildpatt, Flachs, Weihrauch, Kardamomkapseln, Leopardenfelle, persische Samtsandalen und Räucherwerk.

Die Bibel führt auf, wofür es nach der Zerstörung Roms keinen Markt mehr geben wird: „Gold und Silber und Edelsteine und Perlen und feines Leinen und Purpur und Seide und Scharlach und allerlei wohlriechende Hölzer und allerlei Gerät aus Elfenbein und allerlei Gerät aus kostbarem Holz und Erz und Eisen und Marmor und Zimt und Balsam und Räucherwerk und Myrrhe und Weihrauch und Wein und Öl und feinstes Mehl und Weizen und Vieh und Schafe und Pferde und Wagen und Leiber und Seelen von Menschen."

OFFENBARUNG JOHANNIS 18,12F.

DARF ICH VORSTELLEN: ELITHIOS, DER DUMMKOPF

Elithios Phoitetes [wörtlich: der „idiotische Student"] ist mit einem Freund auf einer Reise unterwegs. Als ihn ein menschliches Rühren ankommt, schlägt er sich kurz in die Büsche. Als er auf die Straße zurückkehrt, hat sein Freund nicht auf ihn gewartet, sondern auf einen danebenstehenden Meilenstein geschrieben: „Komm nach." Elithios wird wütend und schreibt darunter: „Nein, du wartest auf mich!"

TRADITIONELLER WITZ AUS DEM ALTEN GRIECHENLAND

DIE VIER ECKPUNKTE DES RÖMISCHEN REICHES

Norden: Lindum Damniorum, am Antoninischen Wall im heutigen Schottland

Osten: Seleukia am Tigris, etwas nördlich von Babylon; in der Regierungszeit des Kaisers Trajan kurz vom armenischen Dwin abgelöst

Süden: Pselchis, etwas oberhalb des ersten Nilkatarakts

Westen: Olisippo (in etwa das heutige Lissabon)

RÖMISCHE STRASSEN

Italien

Via Appia: von Brundisium (Brindisi) nach Rom (582 km)

Via Salaria: von Castrum Truentinum/Truentum an der Adria nach Rom (244 km)

Via Flaminia: von Ariminum (Rimini) nach Rom (330 km)

Via Postumia: von Genua nach Aquileia in der Nähe des heutigen Venedig, was beweist, dass nicht alle Straßen nach Rom führen; 308 km

Britannien

Watling Street: von Dover nach London (153 km)

Ermine Street: von London nach York (320 km)

Stane Street: von London nach Chichester (92 km)

Fosse Way: von der Mündung des Axe-Flusses nach Lincoln (350 km)

Andere Regionen

Via Egnatia: Als östliche Fortsetzung der Via Appia auf dem Balkan verband sie das griechische Apollonia mit dem Bosporus und dem Schwarzen Meer (ca. 1110 km)

Via Traiana: von Emesa in Syrien nach Palmyra (167 km)

Via Augusta: von Südgallien nach Gades (Cádiz) in Spanien (732 km)

Eine römische Straße führt zu einem Stadttor, wahrscheinlich im griechischen Osten.

RÖMISCHE FAHRZEUGE FÜR ALLE GELEGENHEITEN

Benna

Arcera: ein vierrädriger Wagen mit Hybridantrieb, da er sowohl von Pferden als auch von Sklaven gezogen werden konnte

Plaustrum: robuster, primitiver Lastkarren, dessen Achse fest mit den beiden Scheibenrädern verbunden war, was ungeheure Mengen von Schmierfett erforderlich machte

Benna: Bauernkarren; keine Federung, keine Sitzpolster, überhaupt keine Ausstattung

Pilentum: der Wagen der vestalischen Jungfrauen

Tensa: Götterwagen, der die Götterstatuen aus ihren Tempeln zu den zu ihren Ehren veranstalteten Wettkämpfen brachte

Essedum: der keltische Streitwagen, den die Römer als Transportfahrzeug übernahmen

Chamulius: von einem einzigen Pferd gezogener Wagen – die Droschke des 1. Jahrhunderts

Quadriga: vierspänniger Streitwagen, das kaiserliche Lieblingsfahrzeug

Postellum: ein leichtes Gefährt für Kinder und leichtgewichtige Frauen

Raeda: Kutsche für Langstreckenfahrten, in denen man sogar die Nacht verbringen konnte

Birota: zweirädriger Allzweckwagen

Arcera

Soldaten des Imperiums

Im Dienst der römischen Armee zogen viele Soldaten immer wieder kreuz und quer durch das gesamte römische Imperium und manchmal noch weit über dessen Grenzen hinaus. Die gewichtigsten Zeugnisse dieser „Dienstreisen“ sind die Grabsteine von Legionären und Auxiliarsoldaten, die Hunderte und manchmal sogar Tausende von Kilometern von ihrer Heimat entfernt starben. Da gab es zum Beispiel Longinus Sdapeze von der thrakischen Reiterei. Geboren in Serdica (Sofia), starb er in Britannien und wurde in der Nähe von Colchester begraben. Gaius Saufeius von der 9. Legion stammte aus Herakleia (entweder in Griechenland oder in Kleinasien), segnete jedoch im Alter von 44 Jahren in Lincoln das Zeitliche. Andererseits scheint es Ulpius Enubico von der *Ala Britannorum* in die entgegengesetzte Richtung verschlagen zu haben: Er wurde schließlich in Intercisa in Pannonia Inferior (dem heutigen Ungarn) beigesetzt.

Besonders bei Spezialeinheiten wie der schweren Reiterei und den Bogenschützen war die Wahrscheinlichkeit hoch, dass sie im Dienste des Imperiums weit von ihrer Heimat verschlagen wurden. Dies war zumindest bei Hyperanor von der *Cohors I Sagittariorum* der Fall, einem kretischen Bogenschützen, der in der Provinz Obergermanien begraben wurde. Darüber hinaus glaubten die Römer, dass die Gefangenen des gescheiterten Feldzugs des Jahres 53 v. Chr. nach Parthien als Garnisonstruppen im Osten des Partherreichs in der Nähe der heutigen chinesischen Westgrenze endeten.

Darstellung auf einem Grabbau aus Koblenz: Ein römischer Kavallerist reitet über einen auf dem Boden liegenden germanischen Krieger hinweg.

REISEBERICHTE

Fast ständig regnet es dort und ist bewölkt. Frosttage sind jedoch selten. Der Boden ist fruchtbar und trägt außer den südlichen alle gewohnten Feldfrüchte. Diese schießen schnell hoch, werden aber nur langsam reif. Beides ist auf die gleiche Ursache zurückzuführen, nämlich auf die hohe Feuchtigkeit des Bodens und der Luft.

RÖMISCHE BESCHREIBUNG DES BRITISCHEN KLIMAS IN: TACITUS, *AGRICOLA*, 12,3.

Wir brachen mit Attila in den nördlichen Teil des Landes auf … [Wir] reisten auf einer ebenen Straße durch das Tiefland und trafen dabei auf mehrere schiffbare Flüsse. Die größten von ihnen waren neben der Donau Drekon, Tigas und Tiphesas. Wir überquerten sie in sogenannten Monoxylen, die aus einem einzigen Stück Holz hergestellt wurden und die die Menschen an den Ufern dieser Flüsse nutzten. Die kleineren Flüsse überquerten wir auf Flößen, die die Barbaren [Hunnen] ständig auf Karren mit sich führen.

AUS DEM REISETAGEBUCH DES PRISCUS VON SEINER BOTSCHAFTSREISE ZU ATTILA DEM HUNNEN, CA. 449 N. CHR.

Aus Asia zurückkehrend, fuhr ich mit dem Schiff von Ägina nach Megara. Plötzlich begann ich die mich umgebende Landschaft zu betrachten. Hinter mir lag Ägina, vor mir Megara, zur Rechten Piräus, zur Linken Korinth – lauter Städte, die einst in hoher Blüte standen, die wir jetzt jedoch zerstört am Boden liegen sehen.

SERVIUS SULPICIUS RUFUS, KONDOLENZBRIEF AN CICERO, AUS: CICERO, *AD FAMILIARES*, IV, 5.

Handelsschiffe fahren in den Hafen von Ostia ein. Aus dem Portus-Relief im Museo Torlonia.

Nach drei Monaten aber fuhren wir ab mit einem Schiff aus Alexandria, das bei der Insel überwintert hatte und das Zeichen der Zwillingsgötter Castor und Pollux führte. Und als wir nach Syrakus kamen, blieben wir drei Tage da. Von da fuhren wir die Küste entlang und kamen nach Rhegion; und da am nächsten Tag der Südwind sich erhob, kamen wir in zwei Tagen nach Puteoli. […] Und so kamen wir nach Rom.

APOSTELGESCHICHTE 26,11–14

Floronius, Immunis* *der 7. Legion, kam hierher, wo die Frauen ihn nicht kannten. Nur sechs Frauen lernten ihn dann kennen. Das war für einen solchen Hengst nicht genug.*

GRAFFITO AUS POMPEJI, CIL 8767

** Vgl. S. 132*

Gegenüber: *Griechisches Kriegs- (links) und Handelsschiff.*

Die Sieben Weltwunder der Antike

Dass es gerade sieben Wunder waren, hatte mit der Mystik dieser Zahl zu tun. Allerdings gab es keinesfalls Einigkeit darüber, welche Monumente zu diesen sieben Wundern gehörten. Tatsächlich waren mehrere Listen in Umlauf. Die heutigen sieben wurden erst festgelegt, nachdem die meisten von ihnen bereits lange verschwunden waren. Trotzdem zog jedes dieser Wunder bereits vor Jahrtausenden eine beträchtliche Zahl von Touristen an.

1 DER GROSSE LEUCHTTURM VON ALEXANDRIA

Das im 3. Jahrhundert v. Chr. errichtete Bauwerk war ursprünglich gar kein Leuchtturm, sondern eine hohe Landmarke (griechisch: *pharos*), die den Schiffen helfen sollte, sich an der flachen ägyptischen Küste zurechtzufinden. Erst nach 300 Jahren fügten die Römer ein Feuer und einen Metallhohlspiegel hinzu, der diese Orientierungsmarke auch nachts sichtbar machte. Einige Berichte behaupten, dass das Leuchtfeuer noch in 56 Kilometer Entfernung zu sehen war. Der Leuchtturm wurde im 14. Jahrhundert durch ein Erdbeben zerstört.

2 DIE HÄNGENDEN GÄRTEN VON BABYLON

Dieses Weltwunder wurde etwa 600 v. Chr. von Nebukadnezar II. für seine Gemahlin errichtet, die sich nach den Bergen ihrer Heimat sehnte. Tatsächlich „hingen" die Gärten nicht, sondern wuchsen auf Terrassen, die auf einer Reihe von Tonnengewölbebögen angelegt worden waren. „Die würfelförmigen Sockel sind hohl und mit Erde gefüllt, sodass auch noch die größten Bäume darauf wachsen können", berichtet der antike Schriftsteller Strabon (*Geographika*, XVI,5). Wie der Große Leuchtturm wurden die Hängenden Gärten schließlich durch ein Erdbeben zerstört.

Das mögliche Aussehen des Großen Leuchtturms von Alexandria in römischer Zeit.

3 DER KOLOSS VON RHODOS

„Koloss“ war technisch gesehen die Bezeichnung für jedes überlebensgroße Standbild, sodass der Koloss von Rhodos für seinen Namen eigentlich „überqualifiziert“ war. Er war 33 Meter hoch (die Freiheitsstatue in New York ist nur drei Meter höher) und ein bautechnisches Wunder, Kunstwerk und Standbild in einem. Der Bau der Statue begann 304 v. Chr. Die Darstellung des Sonnengottes Helios wurde zur Feier einer glücklich überstandenen schweren Belagerung des Stadtstaats in Auftrag gegeben. Der Architekt und Bildhauer Chares von Lindos benutzte zur Herstellung der Statue auch Material, das nach der Belagerung zurückgeblieben war. Das Standbild wurde in einzelnen Teilen aus Bronze gegossen, wobei man mit den Füßen begann und sich dann nach oben vorarbeitete. Die fertige Statue stand neben der Hafeneinfahrt und keinesfalls spreizbeinig über dieser, wie sie auf vielen neuzeitlichen Abbildungen dargestellt wird. Bereits nach 56 Jahren wurde der Koloss durch ein Erdbeben zerstört. (Aufmerksame Leser werden hier bestimmt einen Trend entdecken.) „Selbst in gefallenem Zustand erregt er unser Erstaunen und unsere Bewunderung“, schrieb Plinius einige Jahrhunderte später. Im 7. Jahrhundert verkauften die arabischen Eroberer die Überreste an einen jüdischen Händler aus Edessa.

Ein Holzschnitt der Zeus-Statue von Olympia.

4 DIE ZEUS-STATUE IN OLYMPIA

Nach ihren Anfängen im Jahr 776 v.Chr. wurden die Olympischen Spiele nach kurzer Zeit zum wichtigsten Sportereignis der antiken Welt. Als die Organisatoren Mitte des 5. Jahrhunderts v.Chr. einen neuen Zeus-Tempel errichteten, suchten sie deshalb nach etwas ganz Besonderem und beauftragten den Bildhauer Phidias von Athen, eine Monumentalstatue des Gottes zu schaffen. Nach der Fertigstellung war das Standbild des thronenden Zeus zwölf Meter hoch, sechs Meter breit und nahm die gesamte Westwand des Tempels ein.

Die Statue bestand aus Gold, Ebenholz und Elfenbein. Letzteres machte ständige Wartungsarbeiten notwendig. Sie überlebte sogar die Olympischen Spiele, die in der Spätantike als heidnische Feier abgeschafft wurden. Man brachte sie nach Konstantinopel, wo sie 462 n.Chr. bei einem Brand vernichtet wurde.

5 DER ARTEMISTEMPEL IN EPHESOS

Im 6. Jahrhundert v.Chr. wetteiferten die kleinasiatischen Herrscher miteinander, wer den größten Tempel bauen könne. Niemand konnte dabei jedoch mit dem fabelhaft reichen Kroisos von Lydien mithalten, dessen Artemistempel 100 Meter lang und 55 Meter breit war. Das Bauwerk stand beinahe 200 Jahre. Dann wurde es (angeblich in derselben Nacht, in der Alexander der Große geboren wurde) von einem geltungssüchtigen Egomanen niedergebrannt, der dadurch „seinen Namen verewigen" wollte. In der Tradition vieler antiker Autoren soll sein Name deshalb auch hier nicht erwähnt werden.

6 DAS GRABMAL DES MAUSOLOS

Als Mausolos, der König von Halikarnassos, im Jahr 353 v. Chr. starb, brach dies seiner Gemahlin und seiner Schwester das Herz – schließlich handelte es sich um ein und dieselbe Person. Artemisia sparte keine Kosten und Mühen, um ihrem Gatten-Bruder ein ganz besonderes Grabmal zu errichten. Obwohl sie vor dessen Fertigstellung starb, entschloss sich die Baumannschaft, das Werk aus Achtung vor dem König zu vollenden. Das Grabmal wurde erst im 14. Jahrhundert durch Erdbeben (!) zerstört. Die Reste wurden durch Johanniter vollends abgebrochen. Die verbliebenen Bauteile und Reliefs wurden im 19. Jahrhundert ins Britische Museum verbracht. Trotzdem wurde Mausolos unsterblich, da seitdem jedes große Grabmal bis heute Mausoleum heißt.

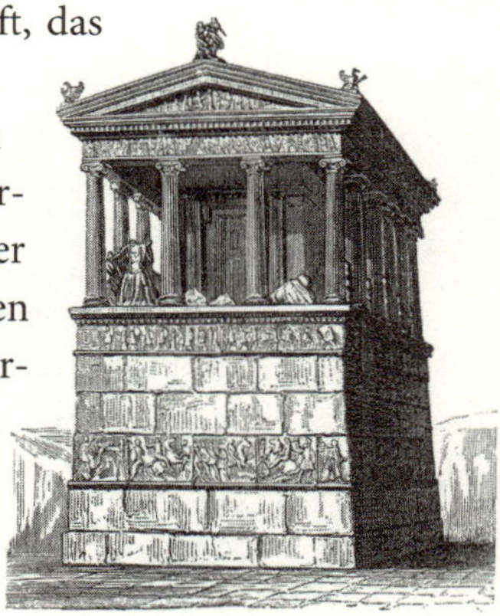

Rekonstruktion eines Teils des Mausoleums von Halikarnassos.

7 DIE GROSSE PYRAMIDE VON GIZEH

Dieser Großvater aller Wunder wurde lange vor den anderen (2500 v. Chr.) errichtet. Als Herodot die Cheops-Pyramide im Jahre 450 v. Chr. in Augenschein nahm, war sie bereits 2000 Jahre alt. Sie war ursprünglich fast 150 Meter hoch und enthält mehr Baumaterial als das Empire State Building in New York. Ihre geschätzten 2 250 000 Steinblöcke wiegen jeder über zwei Tonnen. Dies verleiht der Pyramide eine Dauerhaftigkeit und Standfestigkeit, die kein anderes Bauwerk auf der ganzen Erde jemals erreicht hat. (Außerdem ist sie dadurch ziemlich erdbebensicher).

Exotische Ausländer

Den Osten Libyens bewohnen nomadische Hirtenvölker. Die Gegend ist flach und sandig bis an den Triton. Im Land der Ackerbauern westlich dieses Flusses gibt es dagegen viele Berge und Wälder voller wilder Tiere. Hier findet man Riesenschlangen, Löwen, Elefanten, Bären, giftige Nattern, gehörnte Esel und Menschen mit Hundeköpfen.
HERODOT, *HISTORIEN*, IV, 191

Die hundsköpfigen Menschen (**Kynokephalen**) waren keine Paviane, die die antiken Völker am Mittelmeer gut kannten, sondern eine seltsame Menschenrasse. Plinius der Ältere führt sie in seiner *Naturgeschichte* (8,200ff.) neben den folgenden eigentümlichen Leuten auf, die angeblich die Enden der Welt bewohnen:

- **Die Monopoden,** die nur ein Bein und einen großen Fuß haben und sich trotzdem erstaunlich schnell fortbewegen können. An heißen Tagen legen sie sich auf den Rücken und benutzen ihren Fuß als Regenschirm.
- **Die Machlyes,** die nicht nur bisexuell, sondern echte Androgyne sind.
- **Die Blemmyer,** die keine Köpfe, sondern Gesichter auf ihrer Brust haben.

Die singende Memnon-Statue

Eine kolossale Sitzfigur Memnons (Pharao Amenhotep III.) im ägyptischen Theben wurde 27 v. Chr. durch ein Erdbeben beschädigt. Danach „sang" sie morgens, wenn kühle Luft aus den Rissen im Stein entwich. Sie wurde zu einer der wichtigsten Touristenattraktionen der Römer. Selbst Kaiser statteten ihr einen Besuch ab. Im Jahr 199 n. Chr. ließ Kaiser Septimius Severus die Erdbebenschäden beseitigen, wodurch er unabsichtlich den Morgengesang der Statue beendete.

Es tut uns leid, Wirt, aber wir haben ins Bett gemacht. Ich weiß, dass hätten wir nicht tun sollen, aber wenn du den Grund wissen willst: Es gab keinen Nachttopf im Zimmer.

ENTSCHULDIGUNG ZWEIER REISENDER AN DER TÜR DER HERBERGE DER MAULTIERTREIBER IN POMPEJI, CIL 4957.

Das Schiff

O Schiff, wieder reißen dich neue Fluten ins Meer zurück.
Was trachtest du?
Fasse Mut und steuere zurück in den sicheren Hafen.

Du bist gemacht aus den Fichten des Pontus,
die Tochter eines ruhmvollen Waldes,
Aber rühm dich jetzt nicht deiner hehren Abkunft –
vergangener Ruhm ist jetzt nutzlos.
Der geängstigte Seemann vertraut dem Heck nicht
länger und sei es noch so schön bemalt.

Gib Acht oder du wirst ein Spielball
der Winde.
Und dir, der du mir einst noch Leid
und Kummer schufst,
gehört nun meine Liebe und Sorge.
Hüte dich vor den verderblichen
Gewässern und Strömungen der
hellen Kykladen.

HORAZ, *ODEN*, 1, 14

Handelsschiff, aus einem Relief an einem Kaufmannsgrab in Pompeji

II

Allerlei Militärisches

Der Krieg war in der Antike eine ernsthafte Sache und eine wichtige Beschäftigung der meisten körperlich tauglichen Männer im alten Griechenland. Trotz der größeren Professionalität, die die Römer in die Kriegführung einbrachten, konnten Zufälligkeiten oder die originellen Einfälle gegnerischer Querdenker auch auf dem bestorganisierten Schlachtfeld ein großes Chaos anrichten.

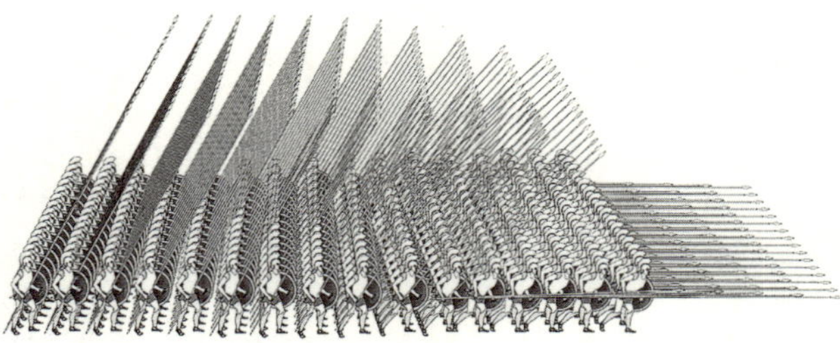

Eine kampfbereite Phalanx *(Schlachtreihe)*

Die Kriegskatzen

Als der Perserkönig Kambyses II. 525 v. Chr. in Ägypten einfiel, hatte er zuvor offensichtlich seine Hausaufgaben erledigt: Als seine Soldaten in der Schlacht bei Pelusium auf die ägyptischen Bogenschützen vorrückten, trug jeder von ihnen eine Katze. Dies schaltete die ägyptischen Truppen weitgehend aus, da sie sich nicht überwinden konnten, den verehrten Tieren Schaden zuzufügen. Die Perser gewannen danach mit Leichtigkeit die Schlacht. In anderen Berichten heißt es, die persischen Soldaten hätten keine lebenden Katzen getragen, sondern sich ein Bild der ägyptischen Katzengöttin Bast auf ihre Schilde gemalt. Auf jeden Fall konnte sich Bast später rächen: Kambyses verübte Selbstmord oder starb an Blutvergiftung.

Eine kleine Fehlberechnung

Philipp V. von Makedonien (3./2. Jh. v. Chr.) war ein erfahrener Stratege, der um den Wert des schnellen Handelns im Krieg wusste. Als er sich entschloss, die Stadt Larissa in Zentralgriechenland zu erstürmen, wollte er die Einwohner der Stadt überrumpeln. Tatsächlich konnte er seine Armee unbemerkt heranführen. Auf sein Zeichen hin eilten dann seine Sturmtruppen auf die ahnungslose Stadt zu, wobei sie Belagerungsleitern trugen, mit denen sie deren Mauern überwinden wollten. Unglücklicherweise hatte jedoch jemand einen kleinen Planungsfehler gemacht, und die Leitern endeten zwei Meter unterhalb der Mauerkrone. Während die alarmierten Verteidiger die Mauern besetzten, rückten die wütenden Makedonier wieder ab, wobei sie ihre nutzlosen Leitern zurückließen. Philipp konnte die Stadt später doch noch erobern; allerdings war dazu eine lange, verlustreiche Belagerung nötig.

DIE SCHMUTZIGEN TRICKS DES FRONTINUS

Der spätere Oberaufseher über die römischen Wasserleitungen, Sextus Iulius Frontinus (1./2. Jh. n. Chr.), sammelte während seines eigenen Feldzugs in Britannien als dortiger Statthalter eine Reihe militärischer Anekdoten, die er als Kriegslisten veröffentlichte. Im Folgenden seien drei Beispiele angeführt.

Der athenische Feldherr Kimon wollte eine gewisse Stadt in Karien [Kleinasien] überrumpeln. Seine Männer setzten deshalb im Schutz der Dunkelheit einen von deren Einwohnern verehrten Tempel und Hain der Artemis in Brand, der außerhalb der Stadtmauern lag. Nachdem die Städter herausgeeilt waren, um das Feuer zu löschen, nahm Kimon die von ihren Verteidigern entblößte Stadt ein.
STRATEGEME, 3,2,5

Metellus [Konsul des Jahres 143 v. Chr. und deshalb wahrscheinlich Quintus Caecilius Metellus Macedonicus] führte in Spanien Krieg. Als der Feind sein Lager an einem niedrig liegenden Platz aufschlug, ließ Metellus seine Leute einen benachbarten Fluss so ableiten, dass er direkt in dieses Lager floss. Als die Feinde durch die plötzliche Überschwemmung in Panik gerieten und Hals über Kopf aus dem Lager flohen, wurden sie allesamt von Soldaten niedergemacht, die Metellus zu diesem Zweck in den Hinterhalt gelegt hatte.
STRATEGEME, 3,7,3

Kleisthenes von Sikyon [585 v. Chr.] unterbrach die Wasserleitung in die Stadt der Krisäer [das moderne Kirrha], bis die Einwohner unter großem Durst litten. Dann leitete er das Wasser, mit Nieswurz [ein wirksames, natürliches Abführmittel] versetzt, wieder in die Stadt. Als die Einwohner davon tranken, wurden sie so von Durchfall geschwächt, dass Kleisthenes sie mit Leichtigkeit besiegen konnte.
STRATEGEME, 3,7,6

EIN LEBENDIGES ERBE

Derselbe Epaminondas führte als Erster die Thebaner zum Sieg über die Spartaner, und dies sogar zweimal. Als er, von einem Speer getroffen, im Sterben lag, sagte jemand in Tränen aufgelöst: „Und doch hast du keinen Sohn, der deinen Namen weitertragen wird.“ „Bei den Göttern, den habe ich nicht“, antwortete er. „Aber ich hinterlasse dafür zwei Töchter – den Sieg bei Leuktra und den Sieg bei Mantinea“.
[Nike – Sieg – ist im Griechischen weiblich.]

NACH DIODORUS, 15,87

DIE MULTIFUNKTIONALE SCHILDKRÖTE

Die berühmte römische *Testudo,* eine Art „Schildkrötenpanzer“ aus Schilden, durch den sich die Legionäre gegen die gegnerischen Wurfgeschosse schützten, konnte auch anderen Zwecken dienen, wie aus einem Bericht des Livius (1. Jh. v./n. Chr.) hervorgeht.

Im 2. Jahrhundert v. Chr. führten die Römer einen Feldzug in Griechenland. Dabei verschanzten sich ihre Feinde einmal hinter einer Mauer. Obwohl diese nur zwei Meter hoch war, stellte sie doch ein beträchtliches Hindernis dar. Trotzdem konnte das die Legionäre nicht lange aufhalten. Das erste Glied trat dicht an die Mauer heran, hob die Schilde über den Kopf und rammte deren Enden fest gegen die

Römer in Testudo*-Formation greifen eine feindliche Befestigung an, die von dakischen Kriegern verteidigt wird.*

Wand. Dann eilte das nächste Glied herbei, bückte sich leicht und legte sich die Schilde leicht angewinkelt über die Schultern. Das dritte Glied kniete nieder und deckte ebenfalls die Schultern mit den Schilden ab. „Und so bildeten sie ein nach Art der Hausdächer schräg ablaufendes Schilddach." Der Rest der Legion stürmte danach die improvisierte Rampe empor, stand dem Feind von Angesicht zu Angesicht gegenüber und hieb ihn auf gewohnte Weise in Stücke.

Wer braucht noch Freunde bei solchen Feinden?

Die römischen Konsuln grüßen König Pyrrhus!

Deine andauernden, ungerechten Handlungen kränken uns zutiefst, und deshalb gedenken wir auch, dich künftig wie einen Feind zu behandeln. Aber wir möchten dich auch persönlich in Sicherheit wissen, damit wir dich ehrlich in der Schlacht besiegen können. Dein Freund Nikias kam zu uns und bot uns an, dich gegen eine Belohnung umzubringen. Es schien uns jedoch geraten, dich darüber zu informieren, damit in dem Fall, dass so etwas tatsächlich einmal geschehen sollte, die übrigen italischen Staaten nicht auf den Gedanken kommen, wir hätten dabei die Hand im Spiel gehabt. Wir raten dir deshalb, dich künftig vorzusehen!

BRIEF DER KONSULN GAIUS FABRICIUS UND QUINTUS AEMILIUS AN PYRRHUS VON EPIRUS, ALS DIESER 280 V. CHR. IN ITALIEN EINFIEL. ZITIERT IN: AULUS GELLIUS, *ATTISCHE NÄCHTE*, III, 8

KAMPFESEIFER

Die griechischen Stadtstaaten fachten den Kampfeseifer ihrer Soldaten durch Horn- und Trompetenstöße an, bevor diese in die Schlacht zogen. Alle außer den Spartanern. Diese benutzten Pfeifen und Flöten, um die Gemüter ihrer Männer zu beruhigen.

AULUS GELLIUS, *ATTISCHE NÄCHTE*, I, 11

Massenvernichtungswaffen in den Konfliktzonen des Nahen Ostens

In Dura Europos, einer römischen Festungsstadt in Syrien, die um 250 n. Chr. von den persischen Sassaniden belagert wurde, sind Anzeichen für den Einsatz von Giftgas entdeckt worden, das durch Verbrennung einer Mixtur aus Bitumen und Schwefel hergestellt wurde. Archäologen fanden die Überreste von 20 Römern, die in einem unterirdischen Tunnel gestorben waren, aber keine Kampfspuren. Es handelte sich bei ihnen um römische Sappeure (vgl. S. 129), die einen Gegenstollen gruben, der ihre persischen Gegner daran hindern sollte, die römischen Mauern ihrerseits zu unterminieren. Anscheinend entdeckten die Perser diesen Stollen und leiteten ihre tödliche Gasmischung in ihn ein. „Die Römer müssen innerhalb von Sekunden das Bewusstsein verloren haben und nach einigen Minuten tot gewesen sein", meinte der Archäologe, der den persischen Trick aufdeckte.

Ein weiterer Fall chemischer oder biologischer Kriegführung wird aus Hatra (Irak) berichtet. Dort schütteten dessen Verteidiger „flüssiges Feuer", eine Art antikes Napalm auf der Basis von Naphtha (Rohbenzin), auf die Belagerungsmaschinen des Kaisers Septimius Severus und bombardierten die Legionäre mit Tonkrügen voller Skorpione.

Kampfgattungen der griechischen Antike

Hoplit: der griechische Standardsoldat im 5. Jahrhundert v. Chr.

Peltast: ein leichtbewaffneter Fußsoldat, der die Hoplitenphalanx absicherte

Toxotes: Bogenschütze; Hippotoxotes: berittener Bogenschütze

Hippikon, Hippeis: Reiterei, Kavallerie

Hetairoi: die „Gefährten", die Stoßtruppen Alexanders des Großen, die aus schweren Lanzenreitern bestanden

Phalangit: Soldat in der Phalanx mit Rundschild und Speer

Akrobolos: ein Plänkler, der mit leichten Wurfgeschossen kämpfte

Xenagia: Söldnerführer

Militärische Schwerlasttransporter

„Was ist denn der Legionär anderes als ein Lasttier?", fragt der Historiker Josephus (1. Jh. n. Chr.) rhetorisch. Nach einer Berechnung (die Legionärsausrüstung war nie vollständig standardisiert) musste ein Legionär des Kaisers Trajan einen Tagesmarsch von über 30 Kilometern mit den folgenden Ausrüstungsgegenständen zurücklegen:

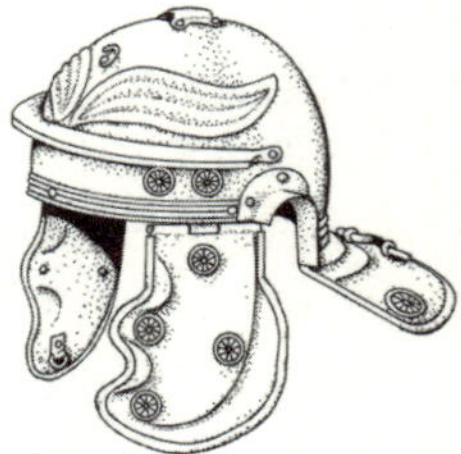

- **Helm** 2,5 kg
- **Pilum (Wurfspieß)** 2,3 kg
- **Schild** 9 kg
- **Rüstung** 7,3 kg
- ***Gladius* (Kurzschwert)** 1,5 kg
- **Grabwerkzeug** 1,8 kg
- **Essen für drei Tage und etwas Trinkwasser** 3,2 kg
- **Kochgeschirr, Dolch, persönliche Ausstattung** 1,4 kg
- **Mantel (Trockengewicht)** 1 kg
- **Gesamtgewicht** 30 kg

In vielen Fällen musste der Legionär auch noch ein oder zwei Holzpfähle tragen, mit denen man nachts die Lager umzäunte. In diesem Fall müssen mindestens 2,3 Kilogramm hinzugerechnet werden.

Die Legionäre der frührömischen Armee konnten einen Großteil ihres Gepäcks auf Maultieren befördern. Am Ende des 2. Jahrhunderts v. Chr. befahl der Feldherr Gaius Marius jedoch, dass jeder Soldat seine eigene Ausrüstung schleppen müsse. Danach bezeichneten sich die Legionäre selbstironisch als „Maulesel des Marius".

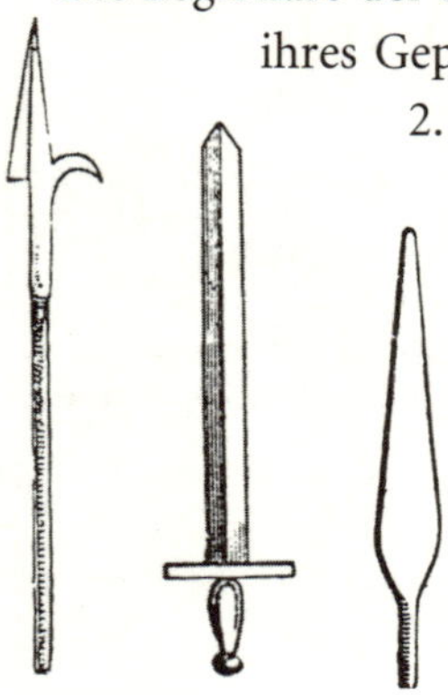

Oben: *„Gallischer" Helm.* **Links:** *zwei* Spari *(sparus = Speer) und eine* Spatha *(Langschwert).*

BEINAMEN VON LEGIONEN

Die meisten römischen Legionen trugen einen Beinamen. Dies war auch deswegen wichtig, weil im Laufe der Zeit einige unterschiedliche Legionen die gleichen Einheitsbezeichnungen bekamen (zum Beispiel *I Italica* oder *I Adiutrix*). Zu diesen Beinamen zählten:

Fidelis: „die Treue". Dieser Beiname stärkte die schwankende Loyalität einer Legion oder ehrte ihre außergewöhnliche Treue – im Allgemeinen dadurch, dass sie sich nicht an einem Volksaufstand beteiligt hatte.

Rapax: „die Räuberische" oder „Reißende" (wie ein Raubtier)

Gemina: „Zwilling". Dieser Beiname wurde genutzt, wenn zwei Legionen (so wie die beiden 13. Legionen) zu einer einzigen Einheit zusammengefasst wurden.

Italica: „die Italische". Dies zeigte an, dass die Legion aus italischen Bürgern rekrutiert wurde.

Valeria: „die Tapfere". Die Legion hatte sich im Kampf außerordentlich gut geschlagen, so etwa die *XX Valeria Victrix.*

Adiutrix: „die Unterstützende". Dies waren Legionen, die ursprünglich in einem Notstandsfall aufgestellt worden waren.

Primigenia: „die Erstgeborene". Ursprünglich sollten sie eine ganz neue Legionsform bilden, wurden schließlich jedoch in das Standardmodell eingegliedert.

Ein Gedenkstein der Legio II Augusta.

BERÜHMTE LETZTE WORTE – NR. 1

Der Feind stürmte in Masse auf Antigonos ein … Der aber sagte nur: „Aber Demetrios wird kommen und mich retten." Und in dieser Hoffnung harrte er aus und schaute sich ständig nach seinem Sohne um, bis er schließlich von einem Pfeilhagel niedergestreckt wurde.

SO BESCHREIBT PLUTARCH, WIE ANTIGONOS MONOPHTHALMOS IN DER SCHLACHT VON IPSOS 301 V. CHR. AUF SEINEN SOHN WARTET, DER JEDOCH AUF EINEM ANDEREN TEIL DES SCHLACHTFELDS AUFGEHALTEN WIRD. *LEBEN DES DEMETRIOS*, 29

Hannibal, der Erzfeind Roms

Hannibal war vielleicht Roms fürchterlichster Feind, der das Reich im 3. Jahrhundert v. Chr. beinahe in die Knie zwang. Polybios (2. Jh. v. Chr.) erzählt, wie während des Ersten Punischen Krieges (264–241 v. Chr.) alles begann:

Nachdem die Omen günstig ausfielen, befahl Hamilkar [Hannibals Vater] den anderen Teilnehmern der Opferhandlung, etwas beiseitezutreten, und rief dann Hannibal zu sich heran. Er fragte ihn freundlich, ob er ihn auf seinen Feldzug [nach Spanien] begleiten wolle. Nach Art eines Jungen stimmte Hannibal freudig zu … Da nahm ihn sein Vater bei der Hand und führte ihn zum Altar. Dort befahl er ihm, das Opfertier zu berühren und zu schwören, niemals ein Freund der Römer zu werden. *HISTORIEN*, 3.11

HANNIBAL ÜBERQUERT DIE ALPEN

Der Neuschnee war weich, jedoch auf den alten Schnee des vorigen Winters gefallen … Aus diesem Grund befahl Hannibal seinen Soldaten, unter großen Strapazen einen Weg entlang des Steilabfalls gangbar zu machen. Tatsächlich bahnten diese innerhalb eines Tages einen Weg, der breit genug für die Lasttiere und die Pferde war. Er führte diese dann sofort hinüber und schlug ein Lager auf einer schneefreien Weide auf, auf der die Tiere grasen konnten. Die Numider arbeiteten dann in Schichten, um die Straße noch weiter auszubauen. Nach

Rechts: *Büste Hannibals.* **Linke Seite:** *Münze mit einer Abbildung des (heute ausgestorbenen) Nordafrikanischen Elefanten.*

drei Tagen gelang es Hannibal schließlich, die Elefanten mit viel Mühe und Not über das Gebirge zu führen. Diese hatten jedoch unter dem Hunger sehr gelitten.
POLYBIOS, *HISTORIEN*, 3.53

HANNIBAL ENTKOMMT EINER RÖMISCHEN FALLE

Als Hannibals Soldaten merkten, dass sie von allen Seiten umzingelt waren, verloren sie den Mut und gerieten in Angst und Schrecken. Unter diesen Umständen half Hannibal nur noch eine List. Er befahl, von den zuvor erbeuteten Rindern 2000 zusammenzutreiben und an deren Hörner Fackeln aus Weidenbündeln oder trockenem Reisig zu binden.

Als der Abend kam, ließ er diese Fackeln anzünden und die Tiere den Stellungen der Feinde entgegentreiben, von denen aus diese das Tal überwachten … Dieses Schauspiel erschreckte die römischen Posten, die auf den Höhen standen. Als sie den „Feind" von allen Seiten in ungeheurer Zahl auf sich vorrücken sahen, ließen sie ihre Posten im Stich und flohen eilends in das Hauptlager in den Bergen.

Im selben Augenblick besetzten Hannibals leichte Fußtruppen auf seinen Befehl hin die verlassenen Posten. Kurz darauf konnte sein gesamtes Heer mit all seinem Gepäck über die offenen Pässe sicher und unbehelligt abrücken. PLUTARCH, *DAS LEBEN DES FABIUS MAXIMUS*, 6

EINE HÖCHST BEGEHRTE AUSRÜSTUNG

Als alter Mann und Exilant stand Hannibal in den Diensten des Seleukidenkönigs Antiochos III. Dieser zeigte ihm einmal seine Armee mit ihren üppig ausgestatteten, reich geschmückten Soldaten und fragte ihn stolz, ob diese denn, was die Römer anginge, „nicht genügen" würden. Hannibal antwortete: „Ja, Antiochos, dieses Heer würde ihnen genügen." […] „Aber die Römer sind ausgesprochen gierig."

HANNIBALS SCHLACHTEN GEGEN DIE RÖMER

1 Am Ticinus

Datum: November 218 v. Chr.

Gegner: Publius Cornelius Scipio

Rom: 4000 Reiter, leichte Infanterie

Karthago: 6000 Reiter

Sieger: Karthago – knapper Sieg

römische Verluste: 1000 Tote (grobe Schätzung)

2 An der Trebia

Datum: Dezember 218 v. Chr.

Gegner: Ti. Sempronius Longus

Rom: 36 000 Fußsoldaten, 4000 Reiter

Karthago: 29 000 Fußsoldaten, 11 000 Reiter, 35 Elefanten

Sieger: Karthago – knapper Sieg

römische Verluste: 8000 Tote (grobe Schätzung)

3 Am Trasimenischen See

Datum: Juni 217 v. Chr.

Gegner: C. Flaminius

Rom: 25 000 Fußsoldaten

Karthago: 60 000 Reiter

Sieger: Karthago – großer Sieg

römische Verluste: 15 000 Tote, ca. 9500 Gefangene

4 Cannae

Datum: August 216 v. Chr.

Gegner: C. Terentius Varro, L. Aemilius Paullus

Rom: 80 000 Fußsoldaten, 6000 Reiter

Karthago: 40 000 Fußsoldaten, 10 000 Reiter

Sieger: Karthago – großer Sieg

römische Verluste: 60 000 Tote, 4000 Gefangene

5 Zama

Datum: Oktober 202 v. Chr.

Gegner: Publius Cornelius Scipio („Africanus“)

Rom: 29 000 Fußsoldaten, 6000 Reiter

Karthago: 36 000 Fußsoldaten, 4000 Reiter, 80 Elefanten

Sieger: Rom – entscheidender Sieg

karthagische Verluste: 20 000 Tote

Caesar in Britannien

WO SIEGTE ER?

Caesar sagte einmal: *veni, vidi, vici* („Ich kam, sah und siegte“). Er meinte dabei jedoch nicht Britannien, wo er den Feldzug wegen schlechten Wetters abbrach. Das *veni, vidi, vici* beschrieb seinen (sehr kurzen) Feldzug gegen Pharnakes von Pontos in Kleinasien.

EIN KNIFFLIGER MOMENT BEI DER LANDUNG

Unsere Schiffe waren so groß, dass sie nur in tiefem Wasser vor Anker gehen konnten. […] Da beschwor der Adlerträger der 10. Legion die Götter, das Vorhaben zu ihren Gunsten ausgehen zu lassen, und rief: „Springt, Soldaten, wenn ihr euren Adler nicht in der Hand der Feinde sehen wollt, denn ich persönlich gedenke, meine Pflicht gegenüber meinem Vaterland und dem Feldherrn zu erfüllen.“

Als er dies laut gerufen hatte, sprang er über Bord und ging mit der Adlerstandarte in der Hand auf den Feind los. Da riefen sich die Unsrigen gegenseitig zu, eine solche Schmach nicht auf sich zu laden, und sprangen nun alle vom Schiff. CAESAR, *DER GALLISCHE KRIEG*, 4,25F.

DIESE NERVTÖTENDEN STREITWAGEN

Die Streitwagen verwenden die Britannier in der Schlacht folgendermaßen: Zuerst fahren sie nach allen Richtungen durch’s Gelände und werfen ihre Speere. Sind sie dann in die Reihen der gegnerischen Truppen eingedrungen, springen sie vom Wagen und kämpfen zu Fuß weiter. […] Auf diese Weise vereint diese Waffe im Kampf die Beweglichkeit und Schnelligkeit der Reiterei mit der Festigkeit des Fußvolks. Durch tägliches Üben haben sie die Fertigkeit gewonnen, die Pferde in abfallendem, ja selbst in steil abschüssigem Gelände zum Stehen zu bringen, umzulenken, auf der Deichsel vorzulaufen, sich auf’s Joch zu stellen und sich von da aus wieder blitzschnell in ihre Wagen zurückzuziehen. CAESAR, *DER GALLISCHE KRIEG*, 4,33

Sichelwagen

Wenn Caesar die gallischen Streitwagen schlimm fand, dann hätte er erst einmal die nahöstliche Variante erleben sollen, an deren Rädern riesige Sicheln angebracht waren. Unter den richtigen Bedingungen hatten diese Wagen eine vernichtende Wirkung auf die gegnerischen Fußsoldaten. Ein Beispiel hierfür waren die unglücklichen bithynischen Infanteristen, die unter die Sichelwagen des Mithridates von Pontos gerieten.

Die Wagen stürmten mit hoher Geschwindigkeit in die Reihen der Bithynier hinein. Einige Männer wurden in einem einzigen Augenblick in zwei Teile zerschnitten, andere praktisch in kleine Stücke zerfetzt. Das Heer des Nikomedes musste entsetzt mit ansehen, wie Männer in zwei Teile geteilt wurden und trotzdem noch lebten und atmeten oder in viele Teile zerfetzt wurden, wobei ihre inneren Organe noch an den Sicheln hingen. Obwohl sie den Kampf keinesfalls verloren hatten, war dieser Anblick so entsetzlich, dass sie die Verwirrung überwältigte und die Angst ihre Reihen in Unordnung brachte. APPIAN, *DER MITHRIDATISCHE KRIEG*, 3.18

Aber gegen erfahrene Soldaten hatten auch diese Sichelwagen keine Chance. Als sie in Griechenland kampferprobte Legionen angriffen, öffneten die Römer einfach ihre Reihen und ließen sie hindurchbrausen. Schließlich wurden sie von strategisch platzierten Speerwerfern in den rückwärtigen Abteilungen beschossen und vernichtet.

Auch in der nächsten Schlacht warteten die Legionäre ganz ruhig den Angriff ab. Kurz bevor die näher zusammengefassten Wagen die Soldaten der ersten Kampfreihe erreichten, traten diese geschickt einige Schritte zur Seite oder zurück und enthüllten eine Reihe angespitzter Pfähle, sodass die Pferde und Besatzungen regelrecht gepfählt wurden. Nach dieser zweiten katastrophalen Niederlage wurden Sichelwagen nie mehr bei Kampfhandlungen eingesetzt.

EINE KAISERLICHE ABFUHR

Ein Mann brüstete sich in Hörweite des Augustus seiner Taten in einer Schlacht, die ihm eine hässliche Narbe im Gesicht eingebracht hatte. Der Kaiser riet ihm daraufhin mit freundlicher Stimme: „Du solltest eben niemals nach hinten schauen, wenn du wegläufst."

DIE VERTEIDIGUNG VON PLATAIAI

Während des Peloponnesischen Krieges (431–404 v. Chr.) wurde die kleine Stadt Plataiai von den Spartanern belagert. Um die Stadtmauern zu überwinden, bauten die Angreifer eine große Rampe aus Holz und Erde. Die Plataier jedoch schlugen an der Stelle, wo die Rampe gebaut wurde, ein Loch in ihre eigene Mauer und führten durch dieses genauso viel Erde ab, wie die Belagerer am anderen Ende hinzufügten.

Als die Spartaner dies bemerkten, schütteten sie die Erde in große Weidenkörbe, mussten aber feststellen, dass die Plataier auch unter der Rampe einen Tunnel gegraben hatten und durch diesen immer wieder Erde wegtrugen, sodass die Rampe im gleichen Maße absackte, wie sie wuchs.

BERÜHMTE LETZTE WORTE – NR. 2

Wenn das eine Armee ist, sind sie zu wenige. Und wenn das eine diplomatische Gesandtschaft sein soll, sind sie zu viele.

TIGRANES DER GROSSE VON ARMENIEN IM JAHR 69 V. CHR. BEI TIGRANOCERTA, ALS ER DIE 12 000 RÖMISCHEN SOLDATEN ERBLICKTE, DIE SEINE EIGENE ARMEE VON ETWA 135 000 MANN KURZ DARAUF VERNICHTEND SCHLAGEN SOLLTEN.

Römische Belagerungs-Geschütze

- **Reichweite:** 90 bis 350 Meter, je nach Gewicht des Wurfgeschosses
- **Antrieb:** elastische Seile aus Ochsensehnen und Frauenhaar
- **Höhe:** 7,5 Meter
- **Länge:** 8,5 Meter
- **Gewicht:** 12 Tonnen

Als sie alle Bäume auf den Bergen um die Stadt gefällt und einen riesigen Haufen Steine aufgetürmt hatten … ließ Vespasian rings um die Stadt Katapulte zum Schleudern von Steinen und Verschießen eisenbeschlagener Bolzen aufstellen. Alles in allem waren es 160 Stück. Auf seinen Befehl hin begannen sie alle, die Verteidiger von den Mauern zu vertreiben. Die Bolzenwerfer verrichteten ihre Arbeit mit großem Getöse, und die Steinschleudern verschossen Steinbrocken von bis zu 27 Kilogramm Gewicht zusammen mit Feuer sowie eine dichte Wolke von Pfeilen … So groß war die Gewalt dieser Geschütze, dass einem Mann aus der Umgebung des Josephus, der auf der Mauer stand, von einem der Steine der Kopf abgerissen und seine Hirnschale mehr als 500 Meter weit weggeschleudert wurde. JOSEPHUS, *DER JÜDISCHE KRIEG*, III, 7,8FF.

Katapult

CICEROS KLEINE BOSHEITEN – NR. 1

Als Cicero seinen Schwiegersohn Lentulus, ein kleines Männchen, mit einem sehr langen Schwert gegürtet sah, sagte er: „Wer hat denn meinen Schwiegersohn an dieses Schwert geschnallt?“

MACROBIUS, *SATURNALIA*, 2,3,3

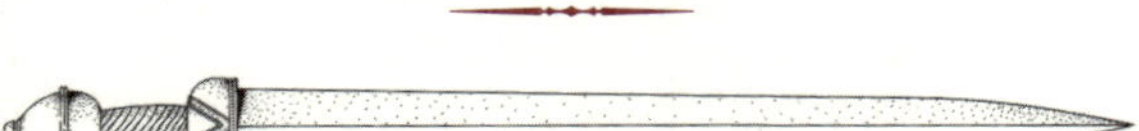

CICEROS KLEINE BOSHEITEN – NR. 2

Ciceros Bruder war auch nicht gerade ein Riese. Einmal erblickte er auf einem Ehrenschild ein überlebensgroßes Bild seines Bruders. Wie bei solchen Darstellungen üblich, zeigte sie ihren Gegenstand von der Taille an aufwärts. Da rief Cicero aus: „Mein Bruder ist ja halb größer als ganz!" MACROBIUS, *SATURNALIA*, 2,3,4

Besiegt vom Morgengrauen

Im Jahr 69 n. Chr. gab es nicht weniger als vier Anwärter auf den römischen Kaiserthron, wobei drei von ihnen von ihrem jeweiligen Nachfolger gestürzt wurden und dabei den Tod fanden. Die endgültige Entscheidung fiel dann bei der zweiten Schlacht von Cremona, als die östlichen Legionen Vespasians den rheinischen Legionen des amtierenden Kaisers Vitellius gegenübertraten. Der Kampf begann am Abend und dauerte die ganze Nacht hindurch. Als der Morgen graute, wandten sich die Soldaten der syrischen 3. Legion, die Anhänger des Sonnengottes Helios waren, nach Osten, um auf gewohnte Weise laut rufend ihren Gott zu begrüßen, als dieser am Horizont aufging. Der Rest ihrer Armee glaubte, sie würden heranrückende Entsatztruppen begrüßen, und kämpfte mit noch größerem Eifer. Die Soldaten des Vitellius glaubten dies auch und wurden dadurch vollkommen demoralisiert. Sie gaben den Kampf auf, flohen und wurden dadurch zur einzigen Armee, die jemals vom Morgengrauen besiegt wurde.

MILITÄRISCHE EHRENKRÄNZE

Lorbeerkranz: für einen römischen Feldherrn beim Triumphzug

Olivenkranz: für einen triumphierenden Feldherrn, der nicht an der siegreichen Schlacht teilgenommen hatte

Myrtenkranz: für einen Feldherrn, der eine *Ovatio* (eine Art minderen Triumphzug) bekam

IM KAMPF GEFALLEN

Pyrrhos, König von Epirus: Nach ihm wurde der Pyrrhussieg benannt. Er starb 272 v. Chr. durch einen gut gezielten Dachziegel, als er die Stadt Argos angriff.

Publius Cornelius Scipio: Der Vater des Scipio Africanus, des Siegers über Hannibal, wurde 211 v. Chr. im Kampf gegen die Karthager in Spanien getötet.

Leonidas, König von Sparta: Er fiel 480 v. Chr., während er mit seinen 300 Spartanern das gesamte persische Heer an den Thermopylen aufhielt.

Spartacus: Gladiator und Rebell, der nach Siegen über mehrere Legionen 71 v. Chr. von Crassus besiegt wurde und dabei fiel.

Lucius Postumius Albinus, erwählter römischer Konsul: Er wurde 216 v. Chr. von den Kelten getötet. Sein Schädel wurde in Gold gefasst und als Trinkbecher benutzt.

Marcus Licinius Crassus: Der Triumvir und „reichste Mann in Rom" fiel 53 v. Chr. im Nahen Osten in der Schlacht bei Carrhae gegen die Parther.

Marcus Claudius Marcellus: Der Konsul war als „Schwert Roms" bekannt. Er starb 208 v. Chr. im Kampf gegen Hannibal.

Valens: Der Kaiser wurde 378 n. Chr. von den Westgoten in der Schlacht von Adrianopel getötet.

Graskranz: für die Rettung einer belagerten Stadt

Eichenkranz: für die Rettung eines Mitbürgers in einer Schlacht

Mauerkranz: für den Mann, der als Erster die Mauern einer feindlichen Stadt ersteigt

Lagerkranz: für den Mann, der als Erster die Befestigung eines feindlichen Lagers überwindet

Schiffskranz: für den Mann, der als Erster ein feindliches Schiff entert

(Da die letzten drei Kränze aus Gold bestanden, werden sie im Deutschen manchmal auch als Mauerkrone, Lagerkrone oder Schiffskrone bezeichnet. ‚Krone' leitet sich aus dem lateinischen Wort für Kranz – *corona* – her.)

HELDEN: DREI SUPERSOLDATEN BEI PLINIUS

DER GEWALTIGE VINNIUS

Vinnius Valens aber, ein Centurio aus der Prätorianergarde des göttlichen Augustus, pflegte Wagen mit einer Ladung voller Weinschläuche so lange nach oben zu halten, bis sie leergelaufen waren. Einen Streitwagen konnte er aufhalten, indem er sich mit aller Kraft den ziehenden Pferden entgegenstemmte. PLINIUS DER ÄLTERE, *NATURGESCHICHTE*, 7,203

DAS MENSCHLICHE FERNROHR

Ein Mann namens Strabo stand während des [Ersten] Punischen Krieges stets auf dem Vorgebirge von Lilybaeum in Sizilien und sah, wenn die Flotte den Hafen von Karthago [in Nordafrika, etwa 160 Kilometer entfernt] verließ. Er konnte sogar die Zahl der Kriegsschiffe angeben.
PLINIUS DER ÄLTERE, *NATURGESCHICHTE*, 7,205

DER UNVERWÜSTLICHE SERGIUS

Marcus Sergius … verlor seine rechte Hand … und wurde dreiundzwanzig Mal verwundet. Zweimal wurde er von Hannibal gefangen genommen – denn gegen gewöhnliche Feinde ließ er sich nicht einsetzen –, zweimal entkam er aus der Gefangenschaft. Viermal kämpfte er nur mit der linken Hand, und zweimal wurde ihm sein Pferd unter dem Sattel niedergestochen. Er ließ sich eine rechte Hand aus Eisen herstellen, diese an seinem Arm befestigen und zog damit in die Schlacht.
PLINIUS DER ÄLTERE, *NATURGESCHICHTE*, 7,213

DIE GEFAHREN DER FÜHRERSCHAFT

Die Athener waren erbarmungslos, wenn ihre Feldherren ihren Erwartungen nicht genügten. Es folgt eine Auflistung dessen, was aus ihren Anführern im Peloponnesischen Krieg wurde.

Perikles: starb 430 v. Chr. an der Pest

Kleon: fiel 422 v. Chr. vor der Stadt Amphipolis

Demosthenes: wurde 415 v. Chr. nach einer erfolglosen Belagerung von den Syrakusern gefangen genommen und hingerichtet

Nikias: Mitkommandant des Demosthenes, teilte dessen Schicksal

DIE BARBAREN STEHEN VOR DEN TOREN

Aber welche Barbaren? Es folgt ein kleiner Führer für alle, die Alanen nicht von Ostgoten unterscheiden können.

Sarmatische Reiter greifen Römer an.

Alanen: kriegerischer Reiterstamm; von den Hunnen aus dem Gebiet am Schwarzen Meer vertrieben; zogen nach Gallien, Spanien und dann nach Afrika; kämpften gegen die einheimische römische Bevölkerung oder verbündeten sich mit ihr

Sarmaten: schwer gepanzerte Reiter, die den Römern immer wieder Schwierigkeiten bereiteten; gewannen später das Land zurück, das sie zuvor in Dakien und an der nordöstlichen Reichsgrenze verloren hatten

Hunnen: angeführt von dem legendären Attila („der Geißel Gottes"); trieben auf dem Vormarsch Völker vor sich her wie etwa:

Ostgoten: Stamm, der damals in der heutigen Westukraine siedelte; ließen sich in Griechenland und auf dem westlichen Balkan nieder, bevor sie in Italien einrückten

Westgoten: von den Ostgoten getrieben; hatten Kaiser Valens in der Schlacht von Adrianopel getötet; waren unter ihrem Führer Alarich die Ersten, die nach den Galliern fast tausend Jahre zuvor die Stadt Rom plünderten

Vandalen: plünderten Rom noch ausgiebiger und sicherten sich daher in allen westeuropäischen Sprachen einen Dauerplatz als Bezeichnung für hirnlose, gewalttätige Strolche

Gepiden: wenig bekannter Germanenstamm; wurden im Jahr 567 n. Chr. von den Awaren, einem weiteren Barbarenvolk aus dem Osten, vernichtet

Franken: endeten in Frankreich, den heutigen Benelux-Staaten und einem großen Teil Deutschlands

Burgunder: ließen sich in Burgund nieder

Langobarden: besiedelten die Lombardei

Angeln: endeten in Anglia, England; **Sachsen:** ließen sich zum Teil im übrigen England nieder; **Angelsachsen:** nach beider Vereinigung

Thukydides: wurde verbannt und Geschichtsschreiber dieses Krieges

Theramenes: Admiral; wurde kurz nach Kriegsende zum Tode verurteilt, weil er sich der neuen oligarchischen Regierung widersetzte

Alkibiades: verbannt, begnadigt, erneut verbannt und 404 v. Chr. von den Spartanern oder den Persern ermordet

Konon: floh nach der Schlacht von Aigospotamoi ins Exil

Thrasybulos: ein Rivale Konons, wurde 388 v. Chr. ermordet

Die Athener begraben ihre Gefallenen

Die Gebeine der Gefallenen stellen sie in einem Zelt aus, das sie für diesen Anlass gebaut haben. Die Menschen bringen ihren Angehörigen und Freunden nach eigenem Ermessen Ehrengaben dar. Bei dem Leichenbegängnis werden dann Särge aus Zypressenholz auf einem Wagen für jeden Stamm mitgeführt. Die Gebeine der Gefallenen liegen im Sarg ihres Stam-

Griechische Begräbnisszene

mes. Auch ein leerer Sarg ist dabei, der für diejenigen bestimmt ist, deren Knochen man nicht hat bergen können. Jeder, der möchte, ob nun Bürger oder Fremder, kann an diesem Zug teilnehmen. Auch die weiblichen Angehörigen sind dabei und wehklagen bei der Beerdigung. Die Toten werden dann im öffentlichen Grabmal auf dem Kerameikos, dem schönsten Teil der Stadt direkt vor den Stadtmauern, beigesetzt. Alle im Krieg Gefallenen werden dort begraben, außer denen, die bei Marathon gestorben sind.

Römischer Buckelschild

Grieche mit Schild und Speer

Diese wurden in Anerkennung ihrer außerordentlichen Tapferkeit an dem Ort begraben, an dem sie fielen. Nach der Beisetzung der Gebeine hält ein von den Bürgern der Stadt ausgewählter, als klug und charaktervoll bekannter Mann eine Lobrede auf die Gefallenen. Danach gehen alle nach Hause. THUKYDIDES, *DER PELOPONNESISCHE KRIEG*, 2,34FF.

KRIEGSTAUBEN

Eines der frühesten Beispiele für den Gebrauch von Brieftauben zur Übermittlung militärischer Botschaften ist aus dem Bürgerkrieg von 43 v. Chr. überliefert, als sie Decimus Iunius Brutus zu diesem Zwecke nutzte, während er von Marcus Antonius belagert wurde.

DICHTER AUF DER FLUCHT

Einen Schild zu verlieren, war eine ungeheure Schande. Das bedeutete nämlich, dass ihn der Krieger weggeworfen hatte, um schneller vom Schlachtfeld fliehen zu können. Dies ist der Hintergrund der berühmten Ermahnung der spartanischen Mutter an ihren Sohn, während sie ihm vor einem Kriegszug seinen Schild reicht: „Komme mit ihm zurück, oder auf ihm!“ (Die Toten wurden auf ihren Schilden vom Schlachtfeld getragen.) Aber nicht jeder hatte diese Macho-Einstellung. Ganz bestimmt nicht der Dichter und Söldner Archilochos (7. Jh. v. Chr.):

> Ein Thraker protzt jetzt mit dem Schild,
> Den ich unwillentlich neben einem Busch zurückließ.
> Doch was soll's – hab ich mich doch selbst gerettet!
> Was kümmert mich jener Schild?
> Ich werde mir einen ebenso guten neuen besorgen.
>
> ARCHILOCHOS FR 6 BD

Plutarch berichtet, dass Archilochos Sparta innerhalb einer Stunde verlassen musste, „weil die Spartaner vernommen hatten, dass er in einem Gedicht gesagt hatte, es sei besser, seine Waffen fortzuwerfen als zu sterben“.

Grabdenkmale in Athen

❧ III ❧

Seltsame Überzeugungen

Nicht alle Griechen und Römer waren abergläubisch, aber selbst solche Gelehrten wie Plinius der Ältere und Aristoteles (4. Jh. v. Chr.) glaubten an einige äußerst seltsame Dinge – nicht weil sie leichtgläubig gewesen wären, sondern weil es nicht genug Reisemöglichkeiten gab und die Wissenschaft noch so wenig entwickelt war, dass sie sich ganz stark auf Spekulation und die Erzählungen Reisender verlassen mussten. Im Großen und Ganzen schafften es die antiken Gelehrten jedoch ziemlich gut, das Glaubhafte vom Unglaubwürdigen zu unterscheiden. Oft berichteten sie über die Überzeugungen und Aussagen anderer mit aller gebotenen Skepsis.

Medusa mit ihrem Nachwuchs, dem geflügelten Pegasus und seinem Bruder Chrysaor. Darstellung auf einem Bronzeschild, Olympia (vgl. S. 53).

SEI VERFLUCHT!

Nach Aquae Sulis (Bath) kamen die britannischen Römer, um Badekuren zu unternehmen, so wie es die Spitzen der englischen Gesellschaft noch 1600 Jahre später taten. Sulis, die Göttin des Wassers, wurde dabei oft von all denen angerufen, die Gerechtigkeit oder Rache suchten. In der Neuzeit wurden über 100 Bleitäfelchen gefunden, auf welche die damaligen Briten kleine Botschaften geschrieben hatten, die sie danach zusammenrollten und in die heißen Quellen warfen – in der Hoffnung, dass die Göttin die entsprechenden Bitten erfüllen möge. Es folgt eine kleine Auswahl:

- Verflucht sei, wer Deomiorix in seinem Haus bestohlen und ausgeraubt hat. Wer immer dessen Eigentum gestohlen hat, die Göttin wird ihn finden. Er soll es mit seinem Blut oder seinem eigenen Leben zurückzahlen.
- Ich verfluche den, der meinen Kapuzenmantel gestohlen hat … Möge die Göttin Sulis ihn nicht schlafen lassen und ihm jetzt und in Zukunft keine Kinder schenken, bis er meinen Mantel zu ihrem Tempel gebracht hat.
- An die Göttin Sulis Minerva. Ich bitte Eure Allerheiligste Majestät, an denen Rache zu üben, die mir Unrecht angetan haben, und ihnen in Zukunft keinen Schlaf mehr zu erlauben.
- Ich habe der Göttin Sulis die sechs Silbermünzen gegeben, die ich verloren habe. Sie kann sie von den unten Angeführten zurückholen – Anniola, Saturninus, Senicanus.
- Ob Mann oder Frau, Junge oder Mädchen, Sklave oder Freier, wer immer meine Bronzeschüssel genommen hat, soll für immer verflucht sein … Des Übeltäters eigenes Blut möge in diese Schüssel gegossen werden.

HUNDE IM RÖMISCHEN ABERGLAUBEN

Hundeblut unter der Schwelle eines Hauses hält die bösen Geister fern.

Die Gallenblase eines schwarzen Rüden ist ein wirksamer Abwehrzauber.

Der Schaum vom Maul eines tollwütigen Hundes ist ein mächtiger Bestandteil von Zaubertränken.

Der Hundsstern (Sirius) ging zusammen mit der Sonne in der heißesten Zeit des Jahres auf. Die Römer glaubten, dass seine Strahlen sich mit der der Sonne vereinigten und es deshalb so warm wurde. Daher stammt auch der Ausdruck *dies caniculares* – „Hundstage".

Das Heulen von Hunden sagt einen Todesfall voraus.

Warzen können durch eine Mischung aus Hundeurin und Lehm entfernt werden.

Ein kranker Mensch kann geheilt werden, indem man ihm mit einem Hundewelpen über den ganzen Körper reibt.

Das Opfer eines rostroten Hundes besänftigte Robigo, die Göttin der Erntekrankheiten. Dadurch wurde das Getreide vor Rostpilzen bewahrt.

Am Schluss eine Behauptung des Aristoteles: „Die Tollwut macht das Tier wahnsinnig. Jedes andere Lebewesen wird durch den Biss eines tollwütigen Hundes angesteckt, mit Ausnahme des Menschen. Die Krankheit ist für den Hund selbst und für jedes Lebewesen, das er gebissen hat, tödlich, außer für den Menschen."
GESCHICHTE DER TIERE, 8,22

Die Gedanken der Götter lesen

Die Römer glaubten so fest daran, dass der Willen der Götter aus dem Flug oder dem Fressverhalten von Vögeln gelesen werden konnte, dass sie eine eigene Gruppe von Priestern, die *Auguren,* einrichteten, deren Aufgabe es war, die Tiere noch besser zu interpretieren. Andere Wege, durch die die Götter den Menschen ihren Willen mitteilten, war der Zustand der inneren Organe der Opfertiere, die durch eine andere Gruppe von Priestern, die *Haruspices* („Eingeweideschauer"), gedeutet wurden, oder Träume.

Die Leber von Piacenza, ca. 100 v. Chr. Auf diesem Bronzemodell einer Schafsleber sind die für die Orakeldeutung wichtigen Punkte angegeben und beschrieben.

Einige Angaben werden dem einen oder anderen erstaunlich und vielen sogar unglaubwürdig erscheinen. Denn wer hätte zum Beispiel je an die Existenz der Äthiopier geglaubt, wenn er sie nicht selbst gesehen hätte?

PLINIUS DER ÄLTERE, *NATURGESCHICHTE* 7, 1, 6

DIE AUGENLICHTFLIEGE

Der Konsul Mucianus litt unter der starken Furcht, sein Augenlicht zu verlieren. Er gedachte, dies zu vermeiden, indem er ständig in einem weißen Leinenläppchen eine lebendige Fliege bei sich führte. Plinius der Ältere teilt uns mit, dass diese ihre Aufgabe glücklicherweise hervorragend erfüllt habe, denn Mucianus habe seine Sehfähigkeit behalten.

Wo wir gerade von Augenlicht sprechen ...

Unter den damaligen Philosophen gab es eine heftige Debatte, wie das Sehen tatsächlich funktionierte. Einige wie etwa die Epikureer waren der Ansicht, dass alle Materie eine Art „Lichthaut" umgebe, die vom Auge wahrgenommen werde. Andere glaubten, dass das Auge selbst aktiv tätig würde und mit einer Art Strahl die Dinge erfasse.

Als Platon einmal seine Theorie von den „abstrakten Ideen" erläuterte, warf Diogenes ein: „Ich kann einen Tisch und einen Becher sehen, einen abstrakten Tisch oder abstrakten Becher sehe ich jedoch nicht." Daraufhin entgegnete ihm Platon: „Das ist auch kein Wunder. Du hast zwar Augen, um Tisch und Becher zu sehen, aber nicht den Verstand, um die Tischheit und Becherheit zu schauen."

DIOGENES LAERTIOS, *LEBEN UND LEHRE DER PHILOSOPHEN*, 6, 53

Plinius über Astronomie

Angesichts der Tatsache, dass die Griechen und Römer nur mithilfe ihrer eigenen Intelligenz und des bloßen Auges über den Kosmos spekulieren konnten, ist es nicht überraschend, dass sie dabei manchmal zu völlig falschen Ergebnissen kamen. Erstaunlich ist eher, dass sie so oft Recht hatten.

ÜBER DIE EXISTENZ ANDERER WELTEN

Es ist Wahnsinn, dass einige versucht haben, die Größe der Welt zu messen, und diese Erwägungen danach auch noch veröffentlicht haben, oder

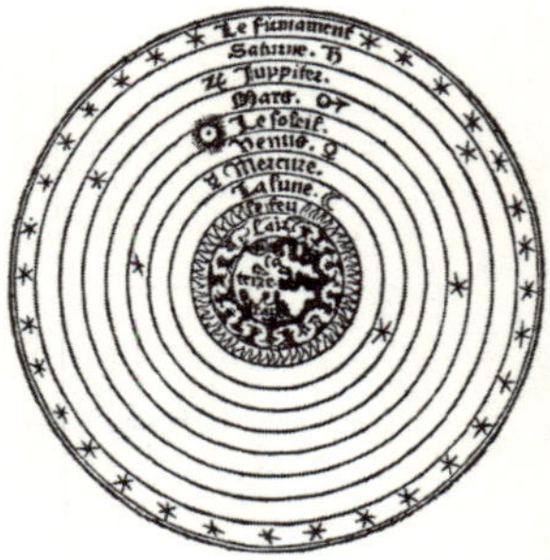

Die Ptolemäische Ordnung des Sonnensystems, bei der sich jeder Planet in seiner eigenen durchsichtigen Sphäre bewegt.

dass andere über ihre Erwägungen berichtet haben, es gebe unzählige andere Welten. Selbst wenn also nur eine Natur das Ganze hervorgebracht haben sollte, müsste man in diesem Fall ebenso viele Sonnen und Monde annehmen. Auch hätten alle diese Welten jeweils eine ungeheuer große Anzahl von anderen Himmelskörpern. PLINIUS DER ÄLTERE, *NATURGESCHICHTE*, 2,1

DIE GRÖSSE DER SONNE

Sie ist unermesslich groß. Dies lässt sich aus der folgenden Beobachtung erkennen. Bäume, die an den äußersten östlichen und westlichen Grenzen gepflanzt wurden, werfen trotzdem Schatten mit denselben Verhältnissen. Obwohl diese Bäume viele tausend Schritte voneinander entfernt stehen, erscheint die Sonne an derselben Stelle, als ob sich jeder von ihnen in der Mitte des ganzen Raumes befände. PLINIUS, *NATURGESCHICHTE*, 2,45

DER MOND UND DIE PLANETEN

Plinius wusste, dass die Erde rund war und sich in 24 Stunden um die eigene Achse drehte. Trotzdem glaubte er, dass sich die Planeten um die Erde drehten. Der Mond war angeblich 126 000 Stadien – ca. 24 000 Kilometer – von der Erde entfernt. Hier irrte sich Plinius gewaltig, wenn man bedenkt, dass die mittlere Entfernung zwischen Erde und Mond tatsächlich etwa 384 000 Kilometer beträgt. Er hätte sich lieber nach Poseidonios (2./1. Jh. v. Chr.) richten sollen, dessen Schätzung von zwei Millionen Stadien – etwa 400 000 Kilometern – ziemlich exakt war.

PLUTARCH VERABSCHEUT DIE LEERE

Das Ungereimteste von allem, was sie behaupten, ist jedoch ihre Lehre vom Weltall … Es sei weder Körper noch unkörperlich … Bei Chrysippos kommt oft die Behauptung vor, dass es außerhalb der Welt einen unendlich großen, leeren Raum gebe und dass dieses Unendliche weder Anfang noch Mitte noch Ende habe.

PLUTARCH, WIDER DIE STOIKER, 30;
ÜBER DIE WIDERSPRÜCHE DER STOIKER, 44

DIE UNGLÜCKSZAHL SIEBEN

An den Tagen, die von der Siebenzahl gebildet werden, sollen sich die Krankheiten verschlimmern … Varro liefert noch einen weiteren Beleg für die Kraft und den Einfluss der Zahl Sieben: Diejenigen, die beschlossen haben, den Hungertod zu erleiden, sterben schließlich am siebten Tag.

AULUS GELLIUS, *ATTISCHE NÄCHTE*, III,10,14

Aberglaube des Kaisers Augustus

Selbst der Herr der römischen Welt hatte seine auf Aberglauben beruhenden Eigenheiten:

- Wenn man ihm morgens zufällig den linken Schuh auf den rechten Fuß anzog oder umgekehrt, betrachtete er das als schlechtes Zeichen.
- Wenn es beim Aufbruch zu einer langen Reise plötzlich einen Regenschauer gab, hielt er das für ein gutes Omen.
- Er weigerte sich, am Tag nach dem Markttag eine Reise anzutreten.

Üble Vorzeichen

Die Götter sandten regelmäßig Zeichen, die auf ein bevorstehendes Unglück hinwiesen. Man musste sie nur zu erkennen wissen …

Vor allem Mond- und Sonnenfinsternisse waren Vorboten schlimmer Ereignisse. Nach ihrer gescheiterten Belagerung von Syrakus im Jahr 413 v. Chr. entschlossen sich die Athener abzuziehen und heimzusegeln. Sie wurden jedoch von einer Mondfinsternis aufgehalten. Ihr abergläubischer Anführer Nikias fühlte sich nämlich bemüßigt, diesem bösen Vorzeichen dadurch entgegenzuwirken, dass er die Vorbereitungen zum Abzug mehrere Tage lang unterbrach und den Göttern ein Opfer darbrachte. Diese waren davon jedoch offensichtlich nicht sehr beeindruckt, denn die Syrakuser benutzten den Aufschub, um den Ausbruch der Athener zu verhindern und das ganze Expeditionsheer gefangen zu nehmen oder zu töten.

Andere üble Vorzeichen waren:

- eine Frau, die in der Öffentlichkeit eine Spindel trägt
- beim Hinausgehen über die Türschwelle zu stolpern
- eine Eule, die sich auf dem Hausfirst niederlässt
- Schlangen im Haus
- über ein Grab gehen
- die Begegnung mit einem Esel, der Kräuter und Pflanzen für ein Grab trägt
- eine Krähe von links (eine Krähe von rechts war dagegen ein gutes Zeichen)
- Die Athener glaubten, dass man ein Übel abwenden könne, wenn man bei der Begegnung mit einem Epileptiker oder Geisteskranken ausspuckte.
- Im Gegensatz dazu glaubte man, dass ein Bild des Medusenhaupts (Medusa war die Dame mit den Schlangenhaaren) die Macht besäße, böse Kräfte aufzuhalten. Aus diesem Grund wurde ihre Abbildung oft auf Gebäude gemalt oder als Relief an ihnen angebracht.

Die Gorgonin Medusa war eine Schönheit, bevor die Göttin Athene sie in das unten dargestellte Ungeheuer verwandelte.

EIN GOTT FÜR ALLE FÄLLE – ZWÖLF WENIGER BEKANNTE GÖTTER FÜR ALLE JAHRESZEITEN

Januar: Janus, Gott der Türen sowie Tore und von Anfang und Ende

März: Mars, der Kriegsgott

April: von Aphrodite oder Apru, ihrer etruskischen Entsprechung

Mai: Maia, die Gute Göttin *(Bona Dea)*

Juni: Juno, die Große Göttin *(Magna Dea)*

Juli: Iulius Caesar (ja, auch er wurde auf Anordnung seines Adoptivsohns Augustus zu einem Gott erklärt)

August: Augustus (denn der Sohn eines Gottes ist natürlich auch ein Gott)

GOTTHEITEN

Viriplaca: die Göttin, die Ehefrauen nach einem Krach wieder mit ihren Gatten versöhnte

Vervactor: der Gott, der das erfolgreiche erste Pflügen bisherigen Brachlands gewährleistete

Vallonia: Wie Sie vielleicht erraten haben, die Göttin der Täler.

Terminus: der Gott der Grenzsteine

Sterculinus: der Gott des Düngens

Rumina: die Schutzgöttin der stillenden Mütter

Pudicitia: die Göttin der Schamhaftigkeit, vor allem von Jungfrauen

Nona: die Göttin, die zusammen mit **Decima** über die letzten Monate der Schwangerschaft wachte (zwei der drei Schicksalsgöttinnen)

Mellona: die Göttin der Bienen und des Honigs

Laverna: die Göttin der Diebe und Betrüger

Genius Augusti: die göttliche Eingebung, die die Kaiser von den Normalsterblichen trennte

Bonus Eventus: der Gott des glücklichen Gedeihens

Die Alten haben die Weissagung deshalb gutgeheißen, weil sie von ihren Ergebnissen überzeugt waren.

CICERO, *ÜBER DIE WAHRSAGUNG*, 1,53

DIE ABSCHEULICHE ZWIEBEL

Die Priester verabscheuen und verwerfen mit Widerwillen die Zwiebel, weil sie nur bei abnehmendem Mond wächst und gedeiht. Auch ist der Genuss der Zwiebel weder den Fastenden, die sich reinigen wollen, noch den Feiernden zuträglich, jenen, weil er Durst erregt, diesen, weil er zum Weinen reizt.

PLUTARCH, *MORALIA*, 4,88

DER *FLAMEN DIALIS*

Der *Flamen Dialis* war einer der wichtigsten Priester Roms. Jedoch war diese Stellung mit so vielen Ritualen und Zeremonien verbunden, dass sie nur wenige, die dafür infrage gekommen wären, tatsächlich erstrebten. Hier sind einige der lästigen Unbequemlichkeiten dieses Priesteramtes:

- Er durfte nicht ohne seine Dienstkappe, den Apex, ausgehen.
- Er durfte kein Pferd besteigen und keinen Hund berühren.
- Betrat ein Gefesselter sein Haus, mussten ihm diese Fesseln sofort abgenommen und durch das Oberlicht des Atriums oder eine Dachöffnung aus dem Haus entfernt werden.
- Nur ein freier Mann durfte seine Haare schneiden.
- Der *Flamen Dialis* durfte mit keiner Ziege, keinem rohen Fleisch, keinem Efeu und keinen Bohnen in Berührung kommen. Er durfte diese Dinge nicht einmal erwähnen.
- Die Ehe eines *Flamen Dialis* konnte nur durch den Tod beendet werden. Starb seine Frau, musste er zurücktreten.
- Seine Kleidung durfte keinerlei Verschlüsse oder Knoten aufweisen.

Doch warum rede ich noch weiter vom weiblichen Geschlecht? Schwach an Geist und deswegen ausgeschlossen von der Behandlung ernsterer Gegenstände, bleibt ihm nichts übrig, als sein gesamtes Dichten und Trachten auf die sorgfältige Wahl des Putzes zu richten.

VALERIUS MAXIMUS,
FACTORUM ET DICTORUM MEMORABILIUM, 9, I, 3

Zwei Eigenschaften des Wassers, die Sie bisher bestimmt noch nicht kannten

Platon (5./4. Jh. v. Chr.) lehrte, Gold sei eine Art erstarrtes Felswasser:

Von allen diesen Substanzen, die wir schmelzbare Wasser nennen, ist diejenige, welche als dichteste aus den feinsten und gleichförmigsten Elementen entsteht, Gold, ein einzigartiger Stoff, mit glänzender, rötlichgelber Farbe getönt, der wertvollste Besitz. Es erstarrte, als es durch felsiges Gestein gefiltert wurde. PLATON, *TIMAIOS*, 59B

Gleichzeitig war Bergkristall zu Stein kristallisiertes Eis. Plinius der Ältere behauptet in seiner *Naturgeschichte* (37,29), dass man mit Bergkristallkugeln die Sonnenstrahlen bündeln und dadurch Hautunreinheiten wegbrennen oder Wunden ausbrennen könne.

DIE MACHT DER EDELSTEINE

Smaragd: linderte Augenbeschwerden. Smaragdringe stärkten die Sehfähigkeit.

Jaspis: schützte Athleten vor Verletzungen.

Bernstein: wurde in Form von Perlenketten um den Hals oder das Handgelenk getragen, sollte Halsschmerzen heilen und vorbeugend wirken gegen Geisteskrankheiten, Asthma, Wassersucht, Zahnweh und Taubheit.

Gagat: konnte Hysterie heilen und jemanden auf Jungfräulichkeit testen.

Dagegen setzte der **Onyx** seinen Besitzer unangenehmen Gerichtsverfahren, Albträumen und Dämonen aus.

Liebe und Ehe

Essig schadet den Frauen mehr als den Männern, da er Schmerzen in der Gebärmutter verursacht.

HIPPOKRATES, *ÜBER DIE BEHANDLUNG AKUTER KRANKHEITEN*, 16

SEXUALERZIEHUNG FÜR ELTERN

Die Philosophen waren im Allgemeinen Männer. Aber gerade Aristoteles beschäftigte sich mit den Befindlichkeiten der weiblichen Wesen seiner Spezies, obwohl er sich dabei anscheinend eher auf Hörensagen als auf direkte Beobachtungen stützte. Wie viele griechische und römische Männer glaubte er, dass die Frauen ihre Fortpflanzungsgelüste kaum beherrschen könnten. Man musste sie also sorgfältig beaufsichtigen, um sie vor Fehltritten zu bewahren. Es folgt ein bezeichnendes Beispiel aus der *Geschichte der Tiere:*

Mädchen bedürfen zu dieser Zeit [ab dem Alter von 13 oder 14] besonderer Aufsicht, da sie eine natürliche Begierde verspüren, ihre sexuellen Fähigkeiten zu entwickeln. Wenn sie also nicht davor bewahrt werden, der Entwicklung ihrer Körper vorauszueilen, und nicht am Genuss der Liebe gehindert werden, hängt ihnen dies bis ins spätere Alter nach. Mädchen, die allzu sehr der Versuchung zur Liebe nachgeben, werden immer zügelloser (dies gilt allerdings auch für Jungen). Wenn sie also unbeaufsichtigt bleiben, klaffen die Öffnungen und verleiten den Körper zum Ausfluss an dieser Stelle. Dazu kommt die Erinnerung an das gehabte Vergnügen, die die Begierde nach einer Wiederholung wachhält. ARISTOTELES, *DIE GESCHICHTE DER TIERE,* 7,1

Idealisierte Darstellung einer römischen Hochzeitsfeier auf einem Sarkophag

MAN GEHT SICH AUF DIE NERVEN

Die Römer glaubten, dass die Nerven des menschlichen Körpers nicht nur Sinneseindrücke, sondern auch Emotionen beförderten, und dass ganz bestimmte Gefühle in ganz bestimmten Organen säßen (noch heute sagen wir ja, uns sei eine „Laus über die Leber gelaufen“ und sprechen von „galligem“ Humor). Das Herz war natürlich der Sitz der Liebe. Man glaubte, dass ein besonders langer Nerv vom Herzen direkt zum dritten Finger der Hand führe (wobei man den Daumen nicht mitzählte). Natürlich glaubt dies heutzutage niemand mehr – oder zeugt der Sitz des Eherings etwa vom Gegenteil?

EINE SONDERBARE LIEBESGESTE

Bei der römischen Hochzeitszeremonie teilte der Bräutigam die Haare der Braut mit einem Speer. Wenn dieser Speer zuvor in das Blut eines toten Gladiators getaucht worden war, galt das für die spätere Ehe als besonders glückbringend.

FRUCHTBARKEITSSCHLÄGE

In jedem Februar fanden in Rom die *Luperkalien* statt – ein Fruchtbarkeitsfest, das auf die Frühzeit der Stadt zurückging. Die Feierlichkeiten begannen in einer Höhle, in der die Wölfin angeblich Romulus und Remus gesäugt hatte. (Sie wurde vor Kurzem unterhalb des Palatins von Archäologen freigelegt.) Dort wurden einige Ziegen und ein Hund geopfert. Danach strich man das Blut der toten Tiere auf die Gesichter junger Männer aus den besten Familien Roms. In Ziegenfelle gehüllt und mit Lederriemen in der Hand, liefen diese dann auf einer seit alters feststehenden Strecke durch die Stadt. Jeden, der ihnen auf diesem Lauf begegnete, schlugen sie mit ihren Lederstriemen. Einige Frauen stellten sich dabei extra an den Weg, da man sicher war, dass Schläge mit diesen Riemen die weibliche Fruchtbarkeit erhöhten.

GESCHLECHTSBESTIMMUNGSKÜKEN

Das Geschlecht eines ungeborenen Kindes konnte durch eine recht seltsame Methode bestimmt werden: Man nahm ein befruchtetes Ei aus einem Hühnernest und legte es der Schwangeren an die warme Brust, bis das Küken schlüpfte. Geschlecht und Gesundheit des Kükens entsprachen angeblich denen des später geborenen Kindes.

ABKÜHLUNGSEFFEKTE

Aristoteles hielt Männer mit einem kleinen Penis für männlicher, da sie angeblich größere Chancen hatten, Kinder zu zeugen. Er glaubte, der Samen kühle ab, nachdem er die Hoden verlassen habe, und verliere immer mehr an Potenz, je länger die Strecke sei, die er danach zurücklegen müsse.

APHRODISIAKA

Römer	Griechen
Knoblauch: am besten mit Korianderblättern in Weißwein	**Knoblauch**
Rucola (Rauke)	**Linsen:** vor allem, wenn sie in Safran gekocht werden
Spatzen (die die Römer als Liebesvögel betrachteten). Sie wurden entweder gegessen oder lebend der Amoratrix überreicht.	**Bohnen:** am besten in einer scharf gewürzten Suppe
Karotten, Spargel, Brennnesseln: Sie alle sollten mit Pfeffer und Gewürzen serviert werden, um das Blut zu erhitzen.	**Artischocken**
	Trüffel

Ein Paar legt in einer klassischen Hochzeitszeremonie das Ehegelübde ab.

DAS LEBENSENDE

Ein Mann kommt zu Elithios Phoitetes und beschwert sich: „Dieser Sklave, den du mir von ein paar Tagen verkauft hast, ist gerade gestorben." Darauf antwortet Elithios: „Das erstaunt mich. In der ganzen Zeit, als er bei mir war, hat er so etwas nie gemacht."

TRADITIONELLER WITZ AUS DEM ALTEN GRIECHENLAND

Ein junger Mann wird für sein Begräbnis hergerichtet.

Wenn in Griechenland eine Leiche gewaschen und auf ihr Begräbnis vorbereitet wurde, musste das dabei verwendete Wasser außerhalb des Hauses weggeschüttet werden, damit der Geist des Verstorbenen nicht an seiner alten Wohnstätte verblieb. Die Römer glaubten dagegen, dass die Geister der toten Familienmitglieder ihr ehemaliges Heim am 9., 11. und 13. Mai wieder aufsuchen würden.

Elithios Phoitetes besprach mit seinen Freunden, wo er sein Grabmal errichten solle. Als einige einen bestimmten Platz erwähnten, lehnte er den Vorschlag sofort ab: „Diese Gegend ist doch viel zu ungesund."

TRADITIONELLER WITZ AUS DEM ALTEN GRIECHENLAND

Tote Männer treiben mit dem Gesicht nach oben und tote Frauen mit dem Gesicht nach unten auf dem Wasser.

PLINIUS DER ÄLTERE, *NATURGESCHICHTE*, 7,202

Der letzte Bestimmungsort

Die Seelen der Griechen und Römer hausten in der Unterwelt. Die meisten haben schon vom Styx gehört, dem Fluss, über den die Seelen der Toten vom Fährmann Charon gerudert werden. Einige Seelen wurden dort festgesetzt, wie etwa der frevelhafte Tantalos, der in alle Ewigkeit an einen Teich verbannt war, aus dem er nicht trinken konnte und über dem ein Birne hing, die er nicht pflücken konnte (daher der Ausdruck „Tantalosqualen“). Die meisten Seelen erreichten jedoch schließlich am Ende der Unterwelt den Fluss Lethe. Nachdem sie von seinem Wasser getrunken hatten, waren alle Erinnerungen an ihr vorheriges Leben ausgelöscht.

Tief im hohlen Berge, mit der Grotte, dem Haus des trägen
Schlafes,
wohin Phoebus' Strahl weder morgens, mittags
noch abends zu dringen vermag,
steigen dunkle Dämpfe in der Dämmerung auf
und es herrscht tiefe Stille …

Nur das Wasser der Lethe rinnt unter dem
Felsen hervor und lädt durch die murmelnd über Kiesel rieselnden Wellen
zum Schlafe.
Vor dem Eingang der Höhle blüht üppiger Mohn und wachsen zahllose
Kräuter, aus deren Säften die feuchte
Nacht ihre Tränke gewinnt
und als Schlaf über die nachtdunkle Welt
versprengt.

OVID, *METAMORPHOSEN*, 11, 602FF.

Attische Graburne

IV

Gefährliche Prophezeiungen

Euripides: *Wer am besten raten kann, der ist der beste Prophet.*

PLUTARCH, *ÜBER DAS SCHWINDEN DER ORAKEL*, 40

Gedenkstein für ein Opfer, das Marcus Aurelius zur Abwehr der Pest anfertigen ließ.

Frag das Orakel

Das Orakel des Zeus im griechischen Dodona war sogar noch älter als das von Delphi (vgl. S. 70). An diesem landschaftlich wunderschönen Ort sprach der Gott durch den Wind, der durch die Blätter einer ihm geweihten Eiche wehte. Ein ausgebildeter Orakeldeuter lauschte diesem Rauschen und beantwortete dann die Fragen, die die Auskunftssuchenden zuvor auf kleine Täfelchen geschrieben hatten. Es folgen einige Fragen, die Archäologen ausgegraben haben:

- Welche Gottheit sollen wir verehren, damit wir als Mann und Frau harmonisch zusammenleben?
- Sollen wir uns um das Bürgerrecht woanders bemühen?
- Soll ich ein Stadthaus oder einen Bauernhof kaufen?
- Werde ich noch mehr Kinder bekommen?
- Wie kann ich meine Gebrechen heilen?
- Werde ich die Matratzen und Polster wiederbekommen, die ich verloren habe?
- Annyla ist schwanger. Wer ist der Vater?
- Ist es eine gute Idee, mit der Schafzucht zu beginnen?
- Ist es eine gute Idee, diese Reise zu unternehmen?
- Womit habe ich das alles verdient?

DER HERR DER WELT

Im ganzen Orient war ein alter und fest eingewurzelter Glaube verbreitet, dass um diese Zeit [etwa 60 n. Chr.] jemand, der aus Judäa kam, die Welt regieren würde. Dieses Orakel bezog sich auf den römischen Kaiser [Vespasian, der, aus Judäa kommend, Kaiser wurde], aber die Juden bezogen diese Weissagung auf einen der ihren und empörten sich gegen Rom.

SUETON, *DAS LEBEN DES VESPASIAN*, 4

Deal oder kein Deal?

Während der Herrschaft des Tarquinius [letzter König Roms, 535–510 v. Chr.] verschaffte die Gunst eines Gottes oder eines anderen übernatürlichen Wesens dem römischen Staat einen wunderbaren Vorteil. Tatsächlich waren solche glücklichen Ereignisse nichts Einmaliges, sondern traten während der ganzen römischen Geschichte immer wieder auf.

Eine fremde Frau kam zu dem Tyrannen und wollte ihm neun Bücher voller Prophezeiungen verkaufen. Tarquinius war jedoch der geforderte Preis viel zu hoch, und er weigerte sich. Daraufhin ging sie weg und verbrannte drei Bücher. Ein wenig später kehrte sie zurück und bot ihm die restlichen sechs Bücher zum selben Preis an wie zuvor. Allgemein hielt man die Frau für verrückt und lachte sie aus, weil sie immer noch denselben Preis verlangte, obwohl sie doch drei der Bücher inzwischen zerstört hatte. Die Frau ging wieder weg und verbrannte drei weitere Bücher. Danach kehrte sie erneut zurück und bot die restlichen drei zum selben Preis wie zuvor an.

Tarquinius begann zu vermuten, dass hinter der ganzen Sache etwas Besonderes steckte, und schickte nach seinen Priestern. Diese erkannten an verschiedenen Zeichen, dass diese Bücher ein von Göttern gesandtes Geschenk seien. Nachdem sie den Verlust … beklagt hatten, forderten sie Tarquinius auf, die verbliebenen drei … zu kaufen. Die Frau händigte daraufhin die Bücher aus, ermahnte Tarquinius, sie sorgfältig aufzubewahren, und wurde nie mehr gesehen.

DIONYSIOS VON HALIKARNASSOS, *RÖMISCHE ALTERTÜMER*, 4,62

Diese Schriften, die als die Sibyllinischen Bücher bekannt wurden, bewahrte man unter Bewachung in einem Tempel auf und konsultierte sie nur in nationalen Krisenzeiten oder wenn Vorzeichen vor einer unmittelbar bevorstehenden Krise warnten.

Domitian und die Wahrsager

Sueton (1./2. Jh. n. Chr.) berichtet, dass Kaiser Domitian eine ganze Reihe von Auseinandersetzungen mit Wahrsagern hatte, denen er instinktiv misstraute:

Aber den erschütterndsten Eindruck machte auf Domitian eine Voraussage des Astrologen Askletarion und was sich daraus entwickelte. Als sich dieser in einem Prozess vor dem Kaiser verantworten musste, gab er zu, mit seinen prophetischen Fähigkeiten geprahlt zu haben. Domitian fragte ihn daraufhin, ob er denn wisse, wie er selbst enden werde. Als der Wahrsager voraussah, dass er von Hunden zerrissen werde, ordnete der Kaiser seine sofortige Hinrichtung an. Um jedoch zu beweisen, dass dieser Mann ein Scharlatan war, befahl er, ihn danach auf das Sorgfältigste zu bestatten. Während der Begräbnisfeier stürzte jedoch ein plötzlicher Sturm den Scheiterhaufen um und die Hunde zerrissen die halb verbrannte Leiche.

SUETON, *LEBEN DES DOMITIAN*, 15

Einige Zeit später leitete Domitian erneut persönlich den Prozess gegen einen Wahrsager aus Germanien, der, befragt nach den Gründen eines Gewitters, einen baldigen Regierungswechsel vorausgesagt hatte. Domitian verurteilte ihn zum Tode, wurde jedoch später an diesem Tag tatsächlich ermordet. Sein Nachfolger wurde Nerva.

Sueton erzählt, dass bereits dem jungen Domitian Astrologen sein letztes Jahr, seinen letzten Tag und sogar seine letzte Lebensstunde vorausgesagt hätten. Deshalb fürchtete er sich auch an seinem Todestag vor einer tödlichen Gefahr in der fünften Stunde. Als sich die angegebene Zeit näherte, geriet er in immer größere Angst. Schließlich meldeten ihm seine Bediensteten, dass bereits die sechste Stunde angebrochen sei. Erleichtert wollte er jetzt ein Bad nehmen, als sich herausstellte, dass ihn seine Diener belogen hatten und die fünfte Stunde noch gar nicht vorüber war. Ganz nach Plan wartete in seinen Räumen sein Mörder auf ihn.

Statue des Domitian

Schlangen im Traum

Träume waren für die Menschen der Antike höchst bedeutsam. Sie mussten deshalb auch richtig ausgelegt werden. Allerdings wies ein berühmter berufsmäßiger Traumdeuter darauf hin, dass derselbe Traum auf vielfache Weise gedeutet werden könne:

Eine schwangere Frau träumte einmal, sie habe eine Schlange geboren. Der Sohn, den sie später gebar, wurde ein hervorragender und berühmter Redner. Eine Schlange hat nämlich wie ein Redner eine gespaltene Zunge. Die Frau war allerdings reich, und mit einem solchen Reichtum kann man sich eine gute Bildung leisten.

Eine andere Frau hatte den gleichen Traum. Ihr Sohn wurde dagegen ein Hierophant [Priester]. Die Schlange ist nämlich ein heiliges Tier und spielt eine Rolle in geheimen Riten. Außerdem war die Frau, die dieses träumte, Gattin eines Priesters.

Eine dritte Frau hatte dasselbe Traumgesicht, und ihr Sohn wurde ein hervorragender Wahrsager. Die Schlange ist nämlich dem Apollon, dem größten Weissager von allen, heilig. Außerdem war diese Frau die Tochter eines Weissagers.

Eine vierte Frau hatte den gleichen Traum, und ihr Sohn wurde ein zügelloser Lüstling, der mit vielen Frauen in der Stadt Unzucht trieb. Die Schlange schlüpft nämlich durch die engsten Löcher und versucht, sich jeder Beobachtung zu entziehen. Außerdem war die Frau selbst eine lüsterne Hure.

ARTEMIDOR VON DALDIS,
DIE TRAUMDEUTUNG, 4,67

Hygieia, die Göttin der Gesundheit, mit einer Schlange, die sich um einen Arzneibecher windet. Schlange und Arzneibecher sind auch heute noch Symbole für das Apothekergewerbe.

Kaiserliche Sternzeichen

Der im September geborene Augustus war Waage. Der Herr von Rom achtete jedoch weitaus mehr auf seinen Aszendenten, den Steinbock. Sein im November geborener Nachfolger Tiberius war Skorpion. Der letzte Kaiser aus dem julisch-claudischen Haus, Nero, war tatsächlich Steinbock, obgleich uns Sueton versichert, dass Neros Horoskop von der Zeit seiner Geburt an „fürchterlich“ war.

Als Freunde Kaiser Vespasian baten, er möge sich vor einem gewissen Mettius Pompusianus in Acht nehmen, da „dessen Horoskop ihm das Kaisertum verheiße“, machte er den Mann zum Konsul, wobei er bemerkte, der mögliche künftige Kaiser schulde ihm nun einen großen Gefallen.

Tod in Babylon

Alexander der Große und seine Armee näherten sich Anfang 323 v. Chr. Babylon. Als er vor der Stadt stand, eilte ein Sterndeuter herbei, um ihn zu treffen. Dabei warnte er den König, er mache einen großen Fehler, wenn er die Stadt durch das Osttor betrete, da er dann der untergehenden Sonne entgegengehe. Da die Sonne das Symbol des makedonischen Königshauses sei, würde dies ein schreckliches Omen darstellen. Alexander nahm diese Prophezeiung sehr ernst. Allerdings war es inzwischen schon zu spät am Tag, um mit seinem gesamten Heer über sumpfiges Gelände zum Westtor dieser riesigen Stadt hinüberzumarschieren. In den folgenden Monaten versuchten die Priester verzweifelt, durch die unterschiedlichsten Riten das kommende Unheil abzuwenden. Vergebens: Alexander sollte Babylon nicht mehr lebend verlassen.

EINIGE VORZEICHEN

Der Krieg mit Hannibal war für Rom eine spannungsgeladene Zeit, in der die Götter ausgesprochen kommunikativ waren. Es folgen einige seltsame Vorzeichen der Zeit zwischen 218 und 210 v. Chr.:

eine sprechende Kuh

ein **Fleischregen**

blutbefleckter Weizen

ein Schwein mit zwei Köpfen

eine Henne, die sich in einen Hahn verwandelt

Soldatenspeere, die plötzlich in Flammen aufgehen

eine Frau, die sich in einen Mann verwandelt

ein Lamm, das mit Milch in seinem Euter geboren wird

Schlangen, die aus dem Meer springen

ein Schwein mit menschlichem Angesicht

ein Baby mit Elefantenkopf

Die „Akte X" des Livius

Einige von Livius erwähnte, nicht identifizierte fliegende Vorzeichen:

217 v. Chr.: Am Himmel waren deutlich Schiffe zu sehen.

217 v. Chr.: Am Himmel waren Schilde zu sehen.

176 v. Chr.: Am Himmel erschien eine brennende Fackel.

100 v. Chr.: Ein runder Gegenstand wie eine Kugel oder ein Rundschild bewegte sich von Westen nach Osten über den Himmel.

42 v. Chr.: Etwas, das wie eine Waffe oder eine Rakete aussah, stieg mit lautem Getöse von der Erde auf und flog in den Himmel.

Einige griechische Vorzeichen

Geschlachtete Rinder, die am Spieß zu brüllen begannen.

Kessel, in denen das Wasser plötzlich ohne Feuer zu kochen begann.

Ein Adler, der eine Gans in den Fängen hielt.

Eine Stute, die einen Hasen zur Welt brachte.

GÖTTLICHE ORDNUNG

Wer aber sähe nicht, dass Vogelzeichen und alle anderen Arten der Wahrsagung gerade in den am besten geordneten Staaten gedeihen?

CICERO, *ÜBER DIE WAHRSAGUNG*, 1,43,95

EIN BÖSES OMEN

In der Etymologie *des Varro heißt es: „Die Götter zeigen manchmal das Kommende durch Missgeburten an." (11,3,8) Tatsächlich leitet sich das Wort „Monster" vom lateinischen* monstrare *(„zeigen") her. Missgeburten mussten den römischen Behörden gemeldet werden, die dann entschieden, ob es sich dabei um Botschaften von oben handelte.*

EIN GEBORENER HERRSCHER

Einer der größten Feinde Roms, der persische Großkönig Schapur II., regierte 70 Jahre lang von 309 bis 379 n. Chr. Tatsächlich begann seine Regierung bereits vor seiner Geburt, als die Astrologen weissagten, die Frau des toten Vorgängerkönigs werde einen Sohn gebären. Schapur wurde daraufhin „in utero" gekrönt, indem man seiner hochschwangeren Mutter eine Krone auf den Bauch legte.

Eine Voraussage im letzten Moment

Als der künftige Kaiser Tiberius an einem Tiefpunkt seiner Laufbahn angekommen war und auf Rhodos in einer Art Verbannung lebte, war einer seiner Vertrauten der Sterndeuter Thrasyllus, der ihm immer wieder eine goldene Zukunft voraussagte. Diese Prophezeiungen waren jedoch niemals eingetreten, sodass Tiberius zu bedauern begann, sich mit diesem Wahrsager eingelassen zu haben. Er lud diesen deshalb ein, mit ihm einen Spaziergang am Meer zu unternehmen. Tiberius gedachte „ihn dabei ins Meer zu stürzen" (Sueton, *Tiberius,* 14). Als sie sich dem Ufer näherten, deutete Thrasyllus auf ein sich näherndes Schiff und versicherte, dass es gute Neuigkeiten bringe. Tatsächlich brachte das Schiff die Nachricht, dass ihm Augustus die Rückkehr nach Rom gestattete. Drei Jahre später wurde er dann von diesem adoptiert und damit zum Nachfolger in der Kaiserwürde bestimmt.

Das Orakel von Delphi

Das delphische Orakel war uralt – es wird schon in den Dichtungen des Homer erwähnt. In historischer Zeit wurde in Griechenland kaum jemals etwas Wichtiges unternommen, ohne dass man zuvor die Meinung des Orakels eingeholt hätte. Jedoch konnte nicht jeder es konsultieren. Wer zugelassen wurde, musste eine Reihe vorbereitender Opferhandlungen durchführen und sich Reinigungsritualen unterziehen, bevor er dem Gott Apollon, dessen Heiligtum Delphi war, Fragen stellen durfte.

Apollon sprach durch eine Priesterin namens Pythia. Diese gab ihre Prophezeiungen in einer Kammer des Tempels ab, in der sie mit einem Olivenzweig auf einem bronzenen Dreifuß saß. Diese Weissagungen fanden nur zu bestimmten Zeiten im Jahr statt und dann auch nur während weniger Tage.

Nachdem ihr die Frage vorgetragen worden war, verkündete die Priesterin die Worte und Visionen, die sie überkamen. Die *prophetai*, deren Aufgabe es war, die Aussprüche der Pythia zu erklären, warnten gleichzeitig, dass die Worte der Pythia nicht die Wahrheit, sondern einen Weg aufzeigten, wie man die Wahrheit finden könne.

Einige Wissenschaftler behaupten, die Priesterin sei leicht berauscht gewesen. Ursache dafür sei das Ethylen, ein süßlich riechendes Kohlenwasserstoffgas, gewesen, das aus einer Erdspalte in ihre Kammer aufgestiegen sei. Sie übermittelte ihre Antworten jedoch immer deutlich. Dies waren also keinesfalls Delirien im Drogenrausch.

EIN ZWEISCHNEIDIGES SCHWERT

Die vielleicht berühmteste delphische Prophezeiung erhielt Kroisos von Lydien, als er einen Angriff auf das Perserreich des Kyros erwog. Das Orakel versicherte Kroisos, dass sein Feldzug tatsächlich ein großes Reich zerstören werde. Allerdings musste Kroisos später erkennen, dass damit sein eigenes Reich gemeint gewesen war.

Das Orakel von Delphi. Wie hier gezeigt, war die Pythia vor den Blicken des Fragestellers abgeschirmt.

DER HIMMEL SCHICKT EINE KRANKHEIT

Als sich die Spartaner im Jahre 431 v. Chr. überlegten, einen Krieg gegen Athen zu beginnen, wollten sie natürlich wissen, wie Apollon darüber dachte. Der Gott signalisierte ihnen begeisterte Zustimmung zu dieser Idee. Er teilte mit, dass er den Spartanern helfen werde, wenn sie sich zum Kampf entschlössen. Tatsächlich schickte er den Athenern in den ersten Jahren des Krieges eine entsetzliche Seuche. Die Athener reagierten darauf, indem sie ihr Fest zu Ehren des Apollon auf Delos besonders aufwendig feierten. Danach liefen die Dinge für sie etwas besser – zumindest eine Weile.

EINIGE ANDERE ORAKELSTÄTTEN

Orakel des Zeus in Dodona in Epirus, Griechenland

Amun-Orakel in der Oase Siwa in Ägypten, das oft von Griechen aufgesucht wurde

Orakel der Fortuna Primigenia in Praeneste, Italien

Orakel des Apollon in Didyma bei Milet, heutige Westtürkei

Heiligtum des Amphiaros in Oropos, Griechenland

Orakel des Zeus Philios in Antiochia (heutiges Antakya in der Türkei)

Orakel von Karmel in Judäa

Die Skeptiker

BAH, ALLES HUMBUG!

Schließlich halte ich nichts von einem marsischen Augur, nichts von Dorfscharlatanen, nichts von den Astrologen, die die Zirkusse überschwemmen, nichts von den Isis-Sehern oder den Traumdeutern.
APPIUS CLAUDIUS IN: CICERO, *ÜBER DIE WAHRSAGUNG*, 1,58,132

DER ABERGLÄUBISCHE RATIONALIST

Der Biograf Plutarch glaubte zwar an Orakel, dies aber keinesfalls blind:

Melancholische Menschen überfallen in der Nacht oft Träume, die dann manchmal wahr werden. Allerdings beschäftigen sich Einbildung und Fantasie dieser Leute ja oft mit der einen und gleich darauf mit einer ganz anderen Sache. Deshalb müssen diese Vorstellungen notwendigerweise manchmal eintreffen, so wie Menschen, die oft genug schießen, irgendwann einmal auch ins Ziel treffen müssen. PLUTARCH, *MORALIA*, 4,50

An einer anderen Stelle kommt er dann jedoch zu dem Schluss:

Wir sollten also auf keinen Fall auf Menschen hören, die behaupten, die Orakel seien nicht von den Göttern eingegeben.
PLUTARCH, *ÜBER DAS SCHWINDEN DER ORAKEL*, 13

Das „Totenorakel“

In der Nähe des Acherusia-Sees und des Flusses Acheron im nordwestlichen Griechenland lag ein natürliches Portal, das die Welt der Lebenden mit dem Totenreich verband. An dieser Stelle wurde das Nekromanteion oder „Totenorakel“ errichtet. Hier fragte Odysseus der Überlieferung nach den toten Seher Teiresias nach dem Heimweg. Der Platz wurde im letzten Jahrhundert wiederentdeckt. Aber niemand hat bisher zu erproben versucht, ob das Orakel auch heute noch funktioniert.

Die Wasserhühnchen von Drepana

Publius Claudius Pulcher war ein römischer Aristokrat und Konsul, der eine hohe Meinung von seinen Fähigkeiten als Admiral hatte. Obwohl seine Flotte schlecht ausgebildet und unerfahren war, bestand er im Jahr 249 v. Chr. darauf, die Karthager in ihrem Hafen Drepana anzugreifen.

Kurz vor der Seeschlacht teilten die Priester Claudius jedoch mit, dass die heiligen Hühner sich geweigert hätten, ihre Körner aufzupicken. Dies galt traditionell als Warnung Jupiters vor einer unmittelbar bevorstehenden Katastrophe. Claudius war davon jedoch völlig unbeeindruckt. „Wenn sie nicht fressen wollen, sollen sie eben trinken", antwortete er und befahl, die Hühner über Bord zu werfen. Unglücklicherweise hatten die Hühner Recht. Am Ende verlor Claudius 93 seiner insgesamt 120 Schiffe.

Valerius Maximus kommentierte dies später folgendermaßen: „Ich weiß nicht, ob Appius Claudius eine größere Schande für seine Religion oder für sein Land war. Ersteres, weil er einen altehrwürdigen Brauch vernachlässigte, letzteres, weil er eine schöne Flotte verlor."
FACTORUM ET DICTORUM MEMORABILIUM, 8, 1, 4

Die heiligen Hühner auf diesem römischen Altarfragment zeigen die göttliche Zustimmung zu einem Vorhaben, indem sie das angebotene Futter akzeptieren.

Ich werde den Menschen eröffnen den unfehlbaren Willen des Zeus.

APOLLON, DER GOTT DER PROPHETEN,
IN: *HOMERISCHER HYMNUS AN APOLLON*, 131F.

Eine unheimliche Begegnung

Plutarch berichtet in seinem *Leben des Brutus* über eine Begegnung mit der Geisterwelt. Eines Nachts saß Brutus in Gedanken versunken in seinem Zelt. Plötzlich spürte er in seiner Nähe eine fremde Gegenwart. Als er aufschaute, sah er eine schweigende, geisterhafte Erscheinung „von ungeheurer, schreckenerregender Größe“. Brutus fragte: „Wer bist du, und was willst du?“

„Ich bin dein böses Geschick“, antwortete die Erscheinung, „bei Philippi sehen wir uns wieder.“

Brutus entgegnete ruhig: „Gut. Ich werde dich also dort erwarten.“

Wie versprochen erschien der Geist am Vorabend der Schlacht, in der Brutus besiegt wurde und sich danach das Leben nahm.

Eine Traumwarnung

Da sich Octavian, der künftige Kaiser Augustus, während dieser Schlacht krank fühlte (er war sein ganzes Leben von schwacher Gesundheit), wollte er sich am ersten Tag des Kampfes ausruhen, wurde aber durch den Traum eines Freundes bewegt, sein Zelt zu verlassen. Dieser Traum stellte sich als prophetisch heraus: Der Feind brach tatsächlich in das Lager und in sein Zelt ein und durchstieß sein Bettzeug, da er glaubte, dass er darunter liege.

Caesar missachtet alle Vorzeichen

IULIUS CAESAR:
Der Weissager Spurinna hatte Iulius Caesar mit den berühmten Worten gewarnt: „Hüte dich vor den Iden des März!“ Auf dem Weg zum Senat (und damit zu seiner Ermordung) begegnete Caesar dem Pro-

pheten und wies ihn mit einem ironischen Lächeln darauf hin, dass er immer noch wohlauf sei, obwohl die Iden des März ja bereits angebrochen seien. Spurinna antwortete darauf in traurigem Ton: „Gekommen sind sie, aber noch nicht vorüber."

Tatsächlich berichten die Schriftsteller von einer Menge anderer Vorzeichen, durch die die Götter Caesar mitgeteilt hatten, dass ihm schweres Unheil drohe:

PLUTARCH:

- Lichter am Himmel
- ungewöhnliche krachende Geräusche in der Nacht
- Vögel, die ein schlechtes Omen darstellen, tauchen auf.
- Einem Sklaven brennt die Hand, ohne bleibende Verletzung.

STRABON:

- Ein von Caesar geopfertes Tier hat kein Herz.
- Caesars Frau träumt, dass sie ihren ermordeten Gatten im Arm hält.

SUETON:

- Geweihte Pferde fressen nicht.
- Die Entdeckung einer uralten Orakeltafel, die den Tod eines Juliers voraussagt.

Schließlich überreicht der griechische Philosoph Artemidor Caesar noch eine Schriftrolle mit den Einzelheiten der Verschwörung und drängt ihn, diese sofort zu lesen. Caesar lehnt ab. Der Ausgang ist bekannt.

Idealisierte Büste des Iulius Caesar, die vor allem seine Halbglatze unterschlägt.

Nützliche Reisen

Nach der Ankunft Caesars in Afrika stolperte er beim Aussteigen aus dem Schiff und stürzte zu Boden. Es gelang ihm, das Ganze zu einem Propagandacoup zu machen, indem er fest in den Boden griff und laut ausrief: „So halte ich dich, Afrika!"

Lucius Iunius Brutus, der Befreier Roms, reiste einmal mit den Söhnen des Königs Tarquinius Superbus nach Delphi, um dort nach den Hintergründen der Schlangenplage im königlichen Haushalt zu fragen. Einer der Söhne wagte es dann, das Orakel zu fragen, wer Rom als Nächster regieren werde. Das Orakel antwortete: „Derjenige, der als Erster seine Mutter küsst." Nur Brutus verstand die wahre Bedeutung dieser Weissagung. Als sie den Tempel verließen, gab er vor zu stolpern, und ließ sich zu Boden fallen. Am Boden liegend, küsste er die Erde, die Mutter aller Menschen. Tatsächlich gelang es ihm einige Zeit später, Tarquinius zu stürzen und die Republik zu errichten.

Silber-Tetradrachme des Perseus, geprägt in Amphipolis oder Pella, 179–168 v. Chr.

KINDERMUND TUT WAHRHEIT KUND

Als sich Lucius Aemilius Paullus, der römische Feldherr im Krieg gegen Perseus von Makedonien, in Rom zum Aufbruch bereit machte, war seine kleine Tochter beim Abschied in Tränen aufgelöst. Auf seine Frage, was ihr denn fehle, antwortete sie: „Perseus ist tot." Es stellte sich heraus, dass das Mädchen einen kleinen Hund adoptiert und ihm diesen Namen gegeben hatte. Paullus hielt dies für ein Zeichen der Götter. Tatsächlich wurde Perseus besiegt und starb in römischer Gefangenschaft.

Die Siegesgöttin Victoria opfert den Stier bei einer römischen Triumphfeier.

Aller guten Dinge sind 21

Unmittelbar vor der Schlacht von Pydna, der Entscheidungsschlacht im Krieg gegen Perseus von Makedonien (168 v. Chr.), gab es eine Mondfinsternis. Paullus, ein zutiefst religiöser Mann, ließ dem Mond sofort ein Opfer darbringen und, siehe da!, dieser begann wieder zu leuchten. Danach opferte er dem Hercules eine Färse. Da der Halbgott dies jedoch nicht mit einem günstigen Omen beantwortete, ließ Paullus eine weitere Färse opfern. Und dann noch eine. Und noch eine. Es war römischer Brauch, so lange zu opfern, bis die Götter das gewünschte Zeichen schickten. Hercules beeindruckten die ersten 20 Opfertiere ganz offensichtlich nicht. Beim 21. ließ er sich dann erweichen. Zuvor hatte Paullus sein Angebot noch durch das Versprechen versüßt, Weihespiele abzuhalten und eine Hekatombe – ein Opfer von (ursprünglich) 100 Rindern – darzubringen, wenn die Römer die Schlacht gewinnen würden, was sie dann auch tatsächlich taten.

ZEICHEN DER GRÖSSE

Zeichen, durch die Staatsführer entdeckt wurden:

Als Tarquinius Priscus („der Ältere“) zum ersten Mal Rom betrat, stürzte ein Adler auf ihn herab, stahl ihm seine Mütze und setzte sie ihm dann wieder auf. Seine Frau verstand sofort, dass er König werden würde.

Der künftige Kaiser Vespasian saß einmal beim Essen, als ein Hund eine menschliche Hand ins Zimmer brachte und unter den Tisch fallen ließ. Das lateinische Wort für Hand, *manus,* bedeutete auch „Herrschaft“.

Ein gewisser Publius Nigidius fragte Octavius, warum er zu spät zur Senatssitzung komme. Als er hörte, dass dessen Frau gerade einen Sohn [den späteren Augustus] geboren hatte, erklärte er, vielleicht leicht sarkastisch, dass der zukünftige Weltenherrscher geboren worden sei.

Ein Adler ließ Livia, der Frau des Augustus, ein weißes Hühnchen in den Schoß fallen, das in seinem Schnabel einen Lorbeerzweig trug. Dieses Huhn hatte zahlreiche, ebenfalls weiße Nachkommen, und aus dem Zweig entstand ein ganzer Lorbeerhain. Dies galt als Beweis, dass Livias Familie und das augusteische System noch lange gedeihen würde.

Olympias, die Mutter Alexanders des Großen, träumte in der Nacht vor dessen Geburt, dass sich der Donnerkeil des Zeus auf ihren Leib senke.

Peisistratos, der Tyrann von Athen, wurde persönlich von einer Göttin eingesetzt. Athene selbst fuhr auf seinem Streitwagen mit, als er in Athen einfuhr, um dort die Macht zu ergreifen. (Vielleicht war es aber auch nur „ein stattliches, hochgewachsenes, schönes Weib“, wenn wir dem zynischen Herodot glauben wollen.)

Der Kopf des Jungen Servius Tullius stand plötzlich in Flammen, während er weiterschlief und keine Verbrennungen erlitt. Das war ein Zeichen, dass er später der sechste König Roms werden würde.

Der Hahn wurde mit verschiedenen griechischen Göttern, wie etwa Hermes, Asklepios, Ares und Priapos assoziiert. Die Sonne auf dieser Darstellung deutet darauf hin, dass der Hahn wahrscheinlich dazu bestimmt ist, dem Phoibos Apollon, dem „leuchtenden Gott", geopfert zu werden.

Terrakottatafel eines Mädchens, das einen Hahn und ein Trankopfer darbringt.

Megistias

Der aus Akarnanien stammende Megistias war ein Seher aus einer alten Wahrsagerfamilie. Er gehörte zu der kleinen, heldenhaften Schar, die den Persern bei den Thermopylen gegenübertrat und starb. Allerdings hatte er zuvor den Fortbestand seiner Familie gesichert, indem er seinen einzigen Sohn nach Hause schickte. Er hatte, wie uns Herodot erzählt, „aus den Opfern weisgesagt, wie es ihnen ergehen würde". Da er sich zusammen mit gerade einmal 300 Spartanern darauf vorbereitete, gegen wenigstens 50 000, wahrscheinlich sogar doppelt so viele Perser bis zum Tode zu kämpfen, gebührt Megistias sicherlich der antike Preis für die offensichtlichste Voraussage. Der große athenische Dichter Simonides widmete ihm die folgende Grabinschrift:

> Ihr seht hier des großen Megistias Grab, welchen die Meder
> Hier am Spercheios-Fluss zu den Toten gesandt.
> Wohl erkannte den kommenden Tod der gepriesene Seher,
> Aber trotzdem hielt er treu mit den Spartanern aus.
>
> HERODOT, *HISTORIEN*, VII, 228

V

Die Klatschkolumne

Einige Menschen der Antike wurden – ähnlich wie heutige Prominente – zum Gegenstand von Spekulationen, Gerüchten und Klatsch. Sokrates, Augustus und Vespasian waren nicht nur wichtige Persönlichkeiten ihrer Zeit, sondern auch selbst für ihre treffenden und oft ausgesprochen witzigen Aussprüche bekannt. Es folgen einige der mit ihnen verbundenen Anekdoten.

Augustus

AUGUSTUS

Augustus war als junger Mann eiskalt und völlig skrupellos. Nachdem er jedoch die höchste Macht im Staat errungen hatte, wandelte er sich zum gütigen „Vater" und moralischen Hüter seines Landes. Während er mit den Mitgliedern seiner eigenen Familie weiterhin streng und mitleidlos sein konnte, war er gegenüber anderen oft tolerant und zeigte ein geradezu lockeres Wesen, wie einige der folgenden Geschichten beweisen.

Persönliche Beziehungen

Der Biograf Sueton zitiert diesen Auszug aus einem Brief, den Marcus Antonius an den jungen Octavian richtete:

Was hast du überhaupt? Bist du sauer, weil ich mit der Königin [Kleopatra] schlafe? […] Habe ich denn erst jetzt damit angefangen und nicht bereits vor immerhin neun Jahren? Und was ist mit dir? Treibst du es denn nur mit [Livia] Drusilla? Ich wette auf dein Leben, dass du, wenn du dieses liest, bereits Tertulla oder Terentilla oder Rufilla oder Salvia Titisenia oder alle zusammen gehabt hast. Seit wann spielt es für dich eine Rolle, wo und mit wem man seine Lust befriedigt?

In Rom traf ein junger Mann ein, der Augustus verblüffend ähnlich sah. Schließlich hörte auch der Kaiser von ihm und ließ ihn zu sich kommen. Nachdem er den Burschen eine ganze Weile betrachtet hatte, fragte Augustus ihn schließlich: „Sage mir, war deine Mutter schon einmal in Rom?" Der junge Mann verneinte dies, fuhr dann jedoch fort: „Aber mein Vater kam oft hierher."

MACROBIUS, *SATURNALIEN*, 2, 4, 20

Obwohl nicht überliefert ist, ob Augustus' Mutter ihren Mann tatsächlich einmal betrog, war die Untreue seiner Tochter Julia allgemeines Stadtgespräch. Trotz ihrer Affären wiesen ihre Kinder alle eine erstaunliche Ähnlichkeit mit ihrem Ehemann Marcus Agrippa auf. Als eine Freundin sie fragte, wie das denn möglich sei, antwortete sie: „Ein kluger Kapitän lässt die Passagiere erst an Bord, wenn die Ladung verstaut ist."

Die Beziehung zwischen Augustus und seiner Tochter war äußerst angespannt. Einmal erschien Julia mit einem höchst gewagten Kleid zu einem festlichen Abendessen. Augustus, der wie viele, die in ihrer Jugend über die Stränge schlagen, mit zunehmendem Alter immer prüder wurde, nahm dies mit äußerstem Missfallen auf. Am nächsten Tag war er jedoch wieder besänftigt, als er sie in einem anständigen, einfachen Gewand erblickte. Julia erklärte ihm: „Gestern Abend habe ich mich für meinen Mann und heute für meinen Vater zurecht gemacht."

Als Augustus einer Sklavin beim Frisieren Julias zusah, fragte er seine Tochter, ob sie später lieber weißhaarig oder kahl werden wolle. Als Julia ihm antwortete, sie ziehe die Weißhaarigkeit vor, meinte Augustus trocken: „Dann solltest du deiner Sklavin befehlen, sie dir nicht schon jetzt auszureißen."

Als er das ganze Ausmaß von Julias unsittlichem Lebenswandel erfuhr, war Augustus außer sich. Eine ganze Reihe vornehmer junger Männer wurde wegen ihres Verhaltens ins Exil geschickt. Julia selbst wurde auf eine abgelegene Insel verbannt, wo alle männlichen Wesen, die sie besuchen wollten, erst einmal sorgfältig überprüft wurden. Aus Kummer über dieses Exil hängte sich Phoebe, Julias

Imaginäres Bildnis der Julia aus viktorianischer Zeit

Kammerzofe und Vertraute, schließlich auf. Als Augustus das hörte, kommentierte er grimmig: „Ich beneide Phoebes Vater."

Als die römische Bevölkerung, bei der Julia sehr beliebt war, Augustus um Gnade für sie bat, erlaubte er ihr ziemlich unwillig, ihr Inselexil zu verlassen und ein bequemeres Anwesen auf dem Festland zu beziehen. Danach teilte er den Bittstellern mit: „Ich bete zu den Göttern, dass ihr auch solche Frauen und Töchter wie sie bekommt!"

Ein Kaiser mit Witz

Ein gewisser Vatinius, der seit Langem an Gicht litt, rühmte sich einmal, er sei wieder vollständig hergestellt und könne bereits tausend Schritte weit gehen. „Das glaube ich wohl", meinte Augustus daraufhin. „Die Tage sind ja jetzt schon lang." (Vatinius war nicht sehr populär. Als er in der Arena mit Steinen beworfen wurde, setzte er bei den städtischen Behörden durch, dass die Zuschauer künftig nur mit Früchten nach ihm werfen durften. Als jemand einen Juristen fragte, ob ein Pinienzapfen eine Frucht sei, antwortete dieser: „Wenn du dich verpflichtest, sie auf Vatinius zu werfen, schon.")

So streng er mit seiner eigenen Tochter umgehen mochte, war Augustus doch im Vergleich zu einigen anderen Herrschern der antiken Welt ein recht leutseliger Mann. Als er hörte, dass König Herodes, der laut Bibel das Massaker von Bethlehem befohlen hatte, einen weiteren Sohn wegen angeblichen Verrats habe hinrichten lassen, sagte er: „Bei ihm möchte ich lieber ein Schwein als sein Sohn sein." Damit spielte er natürlich auf das jüdische Schweinefleischverbot an.

Als ein gewisser Vettius das Feld umpflügte, auf dem einst sein Vater begraben worden war, spottete Augustus: „Das heißt wahrlich, das Andenken an den Vater kultivieren."

Als Augustus einmal die Pferderennen im Circus Maximus besuchte, begegnete er einem Mann, der sich einen riesigen Proviantkorb mitgebracht hatte. Über den Müßiggang des Mannes erzürnt, herrschte ihn der Kaiser an: „Selbst ich gehe zum Essen nach Hause!" In keiner Weise eingeschüchtert, entgegnete der Getadelte: „Nun, Euch nimmt auch in der Zwischenzeit niemand den Sitzplatz weg, oder?"

Einmal entließ Augustus einen allzu anmaßenden jungen Soldaten aus seinen Diensten. Der unglückliche Mann erbat daraufhin eine zweite Chance. „Wie kann ich danach noch meinen Angehörigen vor die Augen treten?", fragte er. „Was soll ich meinem Vater erzählen?" Der Kaiser antwortete: „Sag ihm, dass ich deinen Ansprüchen nicht genügt habe."

Ein gewisser Vedius Pollio lud Augustus zu einem Mahl an seinem Fischteich ein, in dem er Muränen züchtete. Als ein Sklave Pollio erzürnte, weil er einen Kristallpokal zerbrochen hatte, befahl sein Herr, ihn den Muränen vorzuwerfen. Der Sklave warf sich daraufhin Augustus zu Füßen und bat, ihn wenigstens einen anderen Tod als den durch diese blutrünstigen Fische sterben zu lassen. Der Kaiser begnadigte ihn und befahl Pollio, ihm seine übrigen Trinkpokale zu zeigen. Danach ließ er sie alle zerschlagen und die Scherben in den Fischteich werfen.

Ein Bittsteller war zu ängstlich, dem Kaiser seine Bittschrift in die Hand zu drücken. Augustus winkte ihn zu sich heran und sagte: „Du hältst hier ja nicht einem Elefanten eine Münze hin."

Bei der Rückkehr von seinem Sieg bei Actium kam ihm ein Mann mit einer Krähe entgegen, der er die folgende Begrüßung beigebracht hatte: „Heil Caesar, siegreicher General!" Der erfreute Augustus belohnte den Mann für seine Treue, da er zu dieser Zeit in Italien nicht sehr beliebt war. Später erfuhr er, dass der Mann einen Kollegen hatte, der einer anderen Krähe einen ähnlichen Glückwunsch für Marcus Antonius antrainiert hatte, im Falle, dass Augustus von seinem Rivalen besiegt worden wäre. Der amüsierte Augustus befahl den beiden Schurken daraufhin nur, sein Geschenk unter sich aufzuteilen.

Einmal wurde der Kaiser zu einem Essen eingeladen, das sich als äußerst bescheiden und seiner Stellung nicht würdig herausstellte.

Augustus gab darüber keinerlei Kommentar ab. Erst beim Weggehen flüsterte er seinem Gastgeber zu: „Ich wusste gar nicht, dass wir auf so vertrautem Fuße stehen."

An seinem Todestag befahl Augustus, ihm noch einmal die Haare zu kämmen und seine herabgesunkenen Wangen zu schminken, bevor er zum letzten Mal seine Freunde empfing. Diese fragte er dann: „Habe ich meine Rolle in dieser kleinen Komödie gut gespielt?" Dem fügte er auf Griechisch die traditionelle Schlussformel hinzu, mit der sich die Schauspieler von ihrem Publikum verabschiedeten:

> Hat das Ganze euch gefallen, nun so klatschet unsrem Spiel,
> Und entlasst uns alle voller Freude und vergnügt!

SOKRATES

Einer der größten Bürger des antiken Athens, Sokrates (469–399 v. Chr.), wurde zu seinen Lebzeiten nicht sehr geschätzt. Er verwirrte und verärgerte viele, mit denen er zu tun hatte. Er war klug und liebenswürdig und wurde von Männern wie Alkibiades und Platon leidenschaftlich verehrt. Andererseits konnte er auch ein unglaublich sturer Querkopf sein. Das wirkliche Wunder besteht also eher darin, wie lange sich die gewöhnlich so intoleranten Athener diesen nervtötenden Quälgeist überhaupt gefallen ließen.

Sokrates, wahrscheinlich der weiseste, aber bestimmt nicht der hübscheste Athener.

„Der weiseste aller Menschen“

Das Orakel von Delphi verkündete einmal, dass Sokrates „der weiseste aller Menschen“ sei. Als er das hörte, machte sich Sokrates die Mühe, mit den bedeutendsten, besten und klügsten Männern Athens zusammenzutreffen und ein Gespräch zu führen. Hinterher verkündete er, dass das Orakel Recht habe, denn obwohl er selbst nichts wisse, sei er sich im Gegensatz zu seinen Gesprächspartnern dessen durchaus bewusst. Dies mache ihn weiser als sie.

Da Sokrates für seinen Unterricht kein Geld nahm, war er immer knapp bei Kasse. Ein Freund war deshalb sehr überrascht, als er einmal beobachtete, wie Sokrates die teuersten Luxuswaren begutachtete, die auf der Agora angeboten wurden. Da Sokrates fast nie etwas kaufte, fragte ihn der Freund, warum er denn regelmäßig den Markt besuche. Sokrates erwiderte: „Weil ich immer wieder erstaunt bin, so viele Dinge zu sehen, die ich überhaupt nicht brauche.“

Wenn er bei Diskussionen seinen Standpunkt zu hartnäckig vertrat, wurden die Leute oftmals auf ihn wütend, schlugen ihn mit Fäusten, zerrten ihn an den Haaren oder lachten ihn zumindest höhnisch aus. Er jedoch ertrug das alles geduldig. Als sich jemand einmal über seine gelassene Reaktion auf einen Fußtritt wunderte, fragte ihn Sokrates im Gegenzug: „Wenn mich ein Esel getreten hätte, sollte ich den deiner Meinung nach auch vor Gericht bringen?“

DIOGENES LAERTIOS, *LEBEN UND LEHRE DER PHILOSOPHEN*, 2, 21

Xenophons Verehrung für Sokrates könnte durch einen Bericht zu erklären sein, der Philosoph habe ihm einmal das Leben gerettet, als er in einer Schlacht gegen die Thebaner vom Pferd gestürzt sei. Nachdem die übrigen Athener bereits geflohen waren, habe sich Sokrates langsam mit ihm zurückgezogen und jeden wütend abgewehrt, der die beiden angegriffen habe. Sokrates rettete auch dem Aristokraten

Alkibiades in der Schlacht von Potidaia das Leben, der ihm daraufhin für immer dankbar war.

Einige Zeit später bot ihm Alkibiades ein großes Grundstück an, damit er sich dort ein Haus bauen konnte. Sokrates lehnte das Geschenk jedoch mit den Worten ab: „Wenn ich Schuhe bräuchte und du mir ein Stück Leder anbötest, dann wäre ich doch albern, wenn ich es annehmen würde."

Sokrates und Xanthippe

Einmal war Sokrates' Frau Xanthippe wütend, weil ihr Mann Freunde zum Essen eingeladen hatte und sie ihnen nichts Besonderes vorsetzen konnte. Sokrates meinte darauf nur: „Wenn sie wahre Freunde sind, werden sie das verstehen. Sind sie das nicht, kann uns ihre Meinung gleichgültig sein."

Bei anderer Gelegenheit fragte ein Mann Sokrates, ob er heiraten solle. Sokrates erwiderte: „Ob du es tust oder nicht, du wirst es auf jeden Fall bereuen." Seine eigene Ehe zumindest war recht stürmisch, was seine Meinung über die Ehe etwas veränderte: „Jeder Mann sollte heiraten. Seine Frau wird ihn entweder glücklich oder zu einem Philosophen machen."

Einmal schrie Xanthippe ihren Mann erst an und übergoss ihn dann mit Wasser. Sokrates meinte darauf nur: „Habe ich nicht immer gesagt, dass Xanthippe, wenn sie donnert, auch Regen bringt?"

Sokrates äußerte oft: „Wie ein Reiter, der gelernt hat, ein widerspenstiges Pferd zu bändigen, danach leicht mit allen anderen zurechtkommt, so kann ich, nachdem ich gelernt habe, mit Xanthippe zusammenzuleben, mit fast allen anderen Menschen umgehen."

DIOGENES LAERTIOS, *LEBEN UND LEHRE DER PHILOSOPHEN*, 2, 37

Als ihm Alkibiades einmal ins Gewissen redete, er solle sich von Xanthippe nicht alles gefallen lassen, verglich Sokrates seine Frau mit einem lästigen Hintergrundgeräusch: „Ich bin daran gewöhnt wie Seeleute an das ständige Ächzen eines Flaschenzugs – und du [als Gutsbesitzer] an das andauernde Geschrei deiner Gänse." Alkibiades meinte darauf: „Schon, aber diese Gänse liefern mir auch Eier und Küken." Sokrates antwortete: „Umso mehr sollte ich Xanthippe ertragen, denn sie schenkt mir Kinder."

Athen gegen Sokrates

Im Jahr 406 v. Chr. war Sokrates einmal Ratsherr in der Athener Bulé (Ratsversammlung), als acht Admiräle wegen der unterlassenen Bergung von Schiffbrüchigen und Gefallenen angeklagt wurden. Das athenische Gesetz verbot eine kollektive Verurteilung zum Tode. Jedem von ihnen musste gesondert der Prozess gemacht werden. Die Volksversammlung wurde jedoch von den Feinden der Admiräle dazu aufgestachelt, die anwesenden sechs gemeinsam zu verurteilen (zwei waren vernünftigerweise nicht nach Athen zurückgekehrt und wurden deswegen *in absentia* verdammt). Sokrates nutzte die Autorität seines Amtes, um dies zu verhindern, obwohl ihm die Mitglieder der Versammlung eine Geldstrafe, eine Anklage und später sogar die Verhaftung androhten. Schließlich musste die Volksversammlung bis zum nächsten Tag warten, als Sokrates nicht mehr im Amt war, bevor sie mit ihrem legalen Lynchmord fortfahren konnte. (Später bedauerten dies die Teilnehmer jedoch und behaupteten, von üblen Demagogen verführt worden zu sein.)

Ein anderes Mal befahl man Sokrates nach einem Staatsstreich in Athen, einen Mann aus seinem Heim zur Hinrichtung zu führen. Sokrates weigerte sich freundlich, aber bestimmt. Glücklicherweise verhinderte eine Gegenrevolution, dass er jetzt selbst hingerichtet wurde.

Meletos, der Sohn des Meletos aus dem Demos Pitthos, klagt Sokrates, den Sohn des Sophroniskos aus dem Demos Alopeke, an. Sokrates ist schuldig, weil er nicht an die Götter glaubt, die die Stadt verehrt, sondern andere, neuartige Gottheiten einzuführen versucht. Er ist auch schuldig, die jungen Männer zu verderben. Ich beantrage deshalb die Todesstrafe.

DER WORTLAUT DER ANKLAGE GEGEN SOKRATES, WIE IHN DER HISTORIKER FAVORINUS AUF DER GRUNDLAGE EINER INSCHRIFT IM KYBELE-TEMPEL ÜBERLIEFERT.

Als man Sokrates mitteilte, dass er angeklagt worden sei, die Jugend Athens zu verderben, setzte er seine philosophischen Gespräche ungerührt fort. Als er mit einem Freund alle möglichen Themen außer seinem bevorstehenden Prozess besprach, forderte ihn dieser auf, seine Zeit besser zur Vorbereitung seiner Verteidigungsrede vor den Geschworenen zu verwenden. Sokrates meinte darauf nur: „Was? Habe ich mich denn nicht mein ganzes Leben auf meine Verteidigung vorbereitet?"

Männer von Athen, meine Ankläger fordern euch auf, euch nicht von meiner Beredsamkeit täuschen zu lassen. Ihre eigenen Worte waren dagegen dermaßen überzeugend, dass ich selbst kaum noch weiß, wer ich bin.

BEGINN DER VERTEIDIGUNGSREDE DES SOKRATES IN SEINEM GOTTESLÄSTERUNGSPROZESS. PLATON, *APOLOGIE DES SOKRATES*, 1,1

Als die Geschworenen Sokrates schuldig gesprochen hatten, mussten die Anklage und die Verteidigung alternative Urteilssprüche vorschlagen, zwischen denen die Geschworenen dann wählen konnten. Die Anklage forderte erneut die Todesstrafe. Sokrates meinte dagegen, seiner Meinung nach verdiene er, zu einer Pension und freien Mahlzeiten durch den Staat verurteilt zu werden.

Als Sokrates auf seinen Schierlingsbecher wartete, klagte einer seiner Anhänger: „Es ist nur schwer zu ertragen, dich so ungerecht zu Tode gebracht zu sehen." Darauf erkundigte sich Sokrates ruhig und gelassen: „Wäre es dir lieber, ich hätte es verdient?"

Aristophanes

Zu den zahlreichen Bewunderern des Sokrates zählte ganz bestimmt nicht Aristophanes, Athens führender Verfasser satirischer Komödien. Er schrieb ein ganzes Stück, *Die Wolken,* in dem er sich über den Philosophen und seine Werke lustig machte. (Interessanterweise war diese Komödie sein erfolglosestes Stück auf der Athener Bühne.) Sokrates trug es mit Fassung. Er meinte nur, wenn diese Einschätzungen seiner selbst stimmten, eröffne ihm das die Gelegenheit, die eigenen Fehler zu erkennen. Wenn sie dagegen Unsinn seien, seien sie eben Unsinn und verdienten keinerlei weitere Beachtung.

VESPASIAN

Roms neunter Kaiser, der von 69 bis 79 n. Chr. regierte, war das genaue Gegenteil seiner hochwohlgeborenen und glamourösen julisch-claudischen Vorgänger. Er war tolerant und pragmatisch. Er schaffte es, das Reich wieder auf die Beine zu stellen, nachdem Nero es finanziell ruiniert hatte. Dies brachte ihm den wohlverdienten Ruf eines Pfennigfuchsers ein. Diese Eigenschaft ging wohl auch auf seine finanziellen Schwierigkeiten in jüngeren Jahren zurück. Die folgenden Anekdoten stammen alle aus Suetons Vespasian-Biografie, die diese Mischung aus Bodenständigkeit und höchstem Mutterwitz hervorragend einfängt, mit der Vespasian seinen schwierigen Job erledigte.

Frühe Karriere

Lange Zeit wollte er seiner Toga den breiten senatorischen Purpurstreifen nicht hinzufügen, obwohl ihn sein Bruder schon lange erhalten hatte. Schließlich brachte ihn seine Mutter dazu, indem sie ihn ständig als Anteambulo [die Person, die einem Patron vorausgeht, um ihm den Weg zu bahnen] seines Bruders bezeichnete. *LEBEN DES VESPASIAN*, 2

Als sich Vespasian um das Amt des Ädilen bewarb, wurde er erst beim zweiten Versuch und dann auch nur mit der sechsthöchsten Stimmenzahl gewählt. Zu seinem Glück gab es in Rom sechs Ädilen. Neben der Genehmigung und Überwachung von Tavernen und Bordellen waren die Ädilen auch für die Sauberkeit der Straßen zuständig. Vespasian erledigte diese Aufgabe so schlecht, dass Kaiser Caligula „voller Wut über diese Pflichtverletzung, die Straßen nicht ordentlich zu fegen, seinen Soldaten befahl, Vespasian den Straßenkot in den Faltenbausch seiner Amtstoga zu schaufeln". *LEBEN DES VESPASIAN*, 5

Seine Finanznot zwang Vespasian dazu, seinen gesamten Landbesitz seinem Bruder zu verpfänden. Er verdiente sich den Spitznamen „Maultiertreiber", weil er versuchte, seine Geldschwierigkeiten durch den Handel mit Maultieren zu beheben. In seinem ersten Statthalterposten in der Provinz Africa „erwarb er sich durch seine uneigennützige Verwaltung allgemeine Achtung. Nur einmal wurde er in Hadrumetum bei einem Straßenkrawall mit Rüben beworfen." *LEBEN DES VESPASIAN*, 4

Eine Zeitlang gehörte Vespasian zu Neros kaiserlichem Gefolge, fiel jedoch bald in Ungnade, weil er die künstlerischen Darbietungen des Kaisers nicht genug würdigte. „Er beleidigte Nero schwer,

Vespasian

indem er sich entweder mitten im Gesang des Kaisers entfernte oder, wenn er dablieb, oft einschlief.“ *LEBEN DES VESPASIAN*, 4

Vespasian als Kaiser

Als ein junger Mann an Vespasian herantrat, um sich für ein Militärkommando zu bedanken, wich der Kaiser voller Abscheu zurück, als er dessen reichlich aufgetragenes Parfum in die Nase bekam. Er nahm die Ernennung sofort zurück und sagte: „Mir wäre lieber, du würdest nach Knoblauch riechen.“

LEBEN DES VESPASIAN, 8

Als einige Schmeichler den Versuch unternahmen, die Ursprünge seiner Familie auf die Gründer der Stadt Reate und einen Gefährten des Hercules zurückzuführen, dessen Grab immer noch an der Via Salaria steht, lachte ihnen der auf seine einfache Herkunft stolze Kaiser ins Gesicht.

LEBEN DES VESPASIAN, 12

Einmal ging er mit einer Frau ins Bett, die ihm mitgeteilt hatte, sie verzehre sich vor Liebe zu ihm. Danach belohnte er ihre Bemühungen mit 400 000 Sesterzen. Als sein Kassenverwalter ihn fragte, unter welcher Rubrik er diese Ausgabe in die Bücher eintragen solle, antwortete er: „Wegen leidenschaftlicher Liebe zu Vespasian.“

LEBEN DES VESPASIAN, 22

Der kaiserliche Geizkragen

Sein Sohn Titus tadelte ihn einmal, es gehöre sich nicht für einen Kaiser, die öffentlichen Urinale zu besteuern. Als Antwort nahm Vespasian eine Münze, hielt sie seinem Sohn unter die Nase und fragte: „Stinkt die etwa?“ [Bis vor Kurzem hießen die öffentlichen Urinale in Paris

Vespasiennes; daher stammt zudem die Redensart: „Geld stinkt nicht."] *LEBEN DES VESPASIAN*, 23

Vespasian hatte keine Bedenken, Bewerbern gewisse Ämter und Angeklagten, ob nun unschuldig oder nicht, ihren Freispruch zu verkaufen. Einige glaubten sogar, dass er gerade seine habgierigsten Beamten auf die höchsten Stellen beförderte. Auf diese Weise konnte er sie später zu noch höheren Geldbußen verurteilen. Diese Leute nannte man im Allgemeinen seine „Schwämme", weil er sie zuerst das Geld aufsaugen ließ, das er später aus ihnen herauspresste.

LEBEN DES VESPASIAN, 16

Als sich die Matrosen seiner Flotte beklagten, dass die regelmäßigen Märsche von Ostia und Puteoli nach Rom ihre Stiefelnägel abnutzten, und ihn um eine entsprechende Beihilfe baten, befahl ihnen Vespasian, in Zukunft barfuß zu marschieren.

LEBEN DES VESPASIAN, 8

Vespasians Lebensende

Es war üblich, dass der Senat die Kaiser bei ihrem Tod zu Göttern erklärte. Als Vespasian den ersten Anfall seiner tödlichen Krankheit erlitt, rief er aus: „Das sieht nicht gut aus. Ich glaube, ich werde gerade ein Gott." *LEBEN DES VESPASIAN*, 23

Als ihn eine schlimme Durchfallattacke überkam, die ihn fast ohnmächtig werden ließ, versuchte Vespasian mit den Worten „Ein Kaiser sollte stehend sterben", sich mit aller Kraft aufzurichten, und starb in den Armen jener, die ihm aufhelfen wollten.

LEBEN DES VESPASIAN, 24

VI

Von der Liebe & und den Frauen

In einer gnadenlos patriarchalischen und ziemlich frauenfeindlichen Welt erwartete man von den Frauen zu akzeptieren, dass die Männer stets das Sagen hatten. Im Folgenden soll jedoch an einige weibliche Wesen erinnert werden, die gegen diese Vorstellungen angingen, und zwar Jahrtausende, bevor irgendjemand etwas von so etwas wie „Feminismus" gehört hatte.

Darstellung eines Ehepaars von einem Grabmal im Louvre.

Silphium, die Liebespflanze

Die Frauen überall in der antiken Welt hatten allen Grund, dem Silphium dankbar zu sein. Diese äußerst seltene Pflanze wuchs nur in der Umgebung der Stadt Kyrene in Nordafrika. Sie wurde in der griechischen und römischen Küche als Gewürz verwendet und galt als Medizin gegen Husten, Fieber und Verdauungsbeschwerden. Nicht zuletzt war Silphium jedoch ein Verhütungsmittel. Moderne Wissenschaftler vermuten, dass es einen pflanzlichen Wirkstoff enthielt, der dem menschlichen Östrogen ähnelte, einem wichtigen Bestandteil der Antibabypille.

In einer Welt, in der die Schwangerschaft oft das Leben kostete, war Silphium eine Alternative zu einer Risikogeburt oder der bitteren Notwendigkeit, ein Kind gleich nach seiner Geburt zu töten, weil es die Familie nicht ernähren konnte. Es ist deswegen kein Wunder, dass es mit Gold aufgewogen wurde.

Nachdem die Pflanze zuvor im Zentrum der Wirtschaft der Kyrenaika gestanden hatte, starb sie bereits im 1. Jahrhundert n. Chr. aus. Gründe hierfür waren wahrscheinlich das Vorrücken der Wüste in Nordafrika samt einer gleichzeitigen Überweidung des Gebiets.

Möglicherweise gibt es in unserer modernen Kultur noch eine Erinnerung an diese außergewöhnliche Pflanze. Vielen fällt auf, dass die Herzdarstellung, mit der man bis heute Liebe und Romantik kennzeichnet, dem tatsächlichen menschlichen Organ nicht sehr ähnlich ist. Stattdessen sieht sie genauso aus wie Abbildungen des Silphiumsamens.

Die Lyrikerin Sappho

Nur zwei Dinge über eine gewisse Sappho wissen wir genau. Zum einen war sie eine Lesbierin – stammte also von der Insel Lesbos im Ägäischen Meer. Zum anderen war sie eine außergewöhnliche Lyrikerin. Sie war sogar so gut, dass spätere Bewunderer sie als die Letzte der Musen bezeichneten. Alles andere, was über diese ungewöhnliche Frau geschrieben wurde, ist Spekulation, Vermutung und oft sogar das Produkt einer überhitzten Fantasie.

In ihren Schriften erzählt Sappho uns, dass sie einen Bruder und eine Tochter habe: „Hab ein schönes Kind, goldnen Blumen wohl vergleichbar, Kleis heißt mein Liebling." Diese Familienmitglieder könnten jedoch genauso real oder irreal sein wie die jungen Damen, die in vielen ihrer schmachtenden Verse auftauchen.

Das Griechenland des späten 7. Jahrhunderts war radikal verschieden von unserer Gegenwart, und unser Wissen über das Leben der damaligen Frauen ist so lückenhaft, dass wir kaum entscheiden können, ob Sappho die starke Erotik ihrer Gedichte auch in der Praxis ausleben konnte oder überhaupt wollte. Allerdings sagte man Sappho bereits in der Antike eine beträchtliche Zahl männlicher Liebhaber nach. Die Vorstellung, dass sie sich nur zu Frauen hingezogen fühlte, entwickelte sich erst im Mittelalter. Tatsächlich erzählt eine griechische Legende, Sappho habe sich von einer Klippe in den Tod gestürzt, nachdem es ihr nicht gelungen war, die Liebe des schönen, jungen Fährmanns Phaon zu gewinnen.

Es folgt ein Ausschnitt aus ihrem einzigen vollständigen Gedicht, das die letzten zweieinhalb Jahrtausende überlebt hat:

> Flieht sie wohl jetzt, wird sie dich bald verfolgen,
> Verschmäht sie dein Geschenk, wird sie selbst bald schenken.
> Liebt sie jetzt auch nicht, wird sie bald doch lieben,
> Und sei es gegen ihren Willen. –
>
> *GEBET AN APHRODITE*, STROPHE 6

Römische Schreiberinnen

Schon ist der Mond versunken und die Plejaden,
Mitternacht ward. Die Zeit verrinnt,
Ich aber liege allein.

FRAGMENT 48

Verse wie diese nennt man Lyrik, da sie zur Lyra, der Leier, gesungen wurden. Immer weitere Teile ihrer Gedichte tauchen auf, manche auf Papyri, die im Wüstensand gefunden werden. Einmal entdeckte man sogar Teile eines Sappho-Gedichts auf einem Tuch, mit dem man eine Mumie eingewickelt hatte. Vielleicht wird man irgendwann einmal sogar alle berühmten neun Bücher ihres Werks rekonstruieren können.

LIEBESSTICHE

Als Elithios einmal betrunken war, schlich er in das Schlafzimmer seiner Großmutter und kletterte zu ihr ins Bett. Sein empörter Vater folgte ihm und versetzte ihm eine ordentliche Tracht Prügel. „Na gut, in Ordnung, ich habe es verdient, weil ich in das Bett deiner Mutter gestiegen bin", sagte Elithios. „Aber du teilst schon seit Jahren mit meiner Mutter das Bett, ohne dass ich mich jemals beschwert hätte."

TRADITIONELLER WITZ AUS DEM ALTEN GRIECHENLAND

Carpe Diem mit Catullus

Lass uns leben, Lesbia, und uns lieben,
Und der mürrischen Alten üble Reden
Auch nicht höher als einen Pfennig achten.
Sieh, die Sonne, sie geht und kehret wieder:
Wir nur, geht uns das kurze Licht des Lebens
Unter, schlafen dort eine lange Nacht durch.
Gib mir tausend und hunderttausend Küsse …

CATULLUS, *CARMINA* 5, IN DER ÜBERSETZUNG VON EDUARD MÖRIKE

Man nimmt an, dass „Lesbia“ die Adlige Clodia war – ein Frau, die ganz Rom durch ihren ausschweifenden Lebenswandel schockierte. Der Dichter Catullus (ca. 87–57 v. Chr.) verliebte sich unsterblich in Clodia. Es brach ihm fast das Herz, als sie nach einiger Zeit einfach mit ihm Schluss machte. Nach dieser Enttäuschung waren einige seiner späteren Verse über sie auf brutale Weise pornografisch.

EIN GRAFFITI-DIALOG

Graffito 1: *Successus, der Weber, liebt Iris, das Sklavenmädchen des Tavernenwirts. Auch wenn sie ihn nicht liebt, bittet er sie, sich seiner zu erbarmen.*
Graffito 2: *Schleich dich!*
Graffito 3: *Warum stellst du dich mir in den Weg, du Eifersüchtling? Mach einem ansehnlicheren Manne Platz! Ich sehe besser aus und mir geschieht hier Unrecht.*
Graffito 4: *Ich habe gesprochen. Was ich geschrieben habe, ist alles, was hier zu sagen ist. Du liebst vielleicht Iris. Aber sie liebt dich nicht.*

EIN DRAMA, DAS AUF DEN WÄNDEN DES „GASTHAUS DES PRIMA“ IN POMPEJI ÜBERLIEFERT IST. CIL 4,8258FF.

FRAUEN, DIE IN DER ANTIKE ARMEEN BEFEHLIGTEN

Zenobia: Königin von Palmyra, die im Jahr 273 n. Chr. von Kaiser Aurelian besiegt wurde

Fulvia: die Frau des Marcus Antonius und Anführerin eines Aufstands gegen Octavian, den späteren Augustus. Sie starb kurz nach der Belagerung von Perusia 40 v. Chr., nachdem Antonius sich von ihr abgewendet hatte.

Artemisia von Karien: Ihre Tapferkeit im Kampf quittierte der persische Großkönig Xerxes im Jahr 480 v. Chr. mit dem Ausspruch: „Meine Männer sind Weiber und meine Frauen echte Männer."

Kleopatra von Ägypten: der man oft und wahrscheinlich fälschlicherweise nachsagt, durch sie habe Marcus Antonius die Schlacht von Actium im Jahr 31 v. Chr. verloren

Mavia: Königin der Sarazenen, führte im Jahr 378 n. Chr. einen Aufstand gegen die Römer an

BIS DASS DER TOD UNS SCHEIDET

Alle Freundinnen, die Lycoris hatte, hat sie begraben.
Oh, dass sie doch auch mit meiner Frau befreundet wäre!

MARTIAL, *EPIGRAMME*, 4, 24

NOMINA ANTIQUA

Antike Frauennamen, die auch heute noch bei uns in Gebrauch sind:

römische Namen:

Emilia, Livia, Cornelia, Claudia, Julia, Antonia, Camilla, Silvia, Viviane

griechische Namen:

Helena, Agathe, Alexandra, Corinna, Irene, Melissa, Theodora

IULIUS CAESARS LIEBESLEBEN

Ehefrauen: Cornelia, Pompeia, Calpurnia

Ein junger Mann brach einmal in Pompeias Haus ein, angeblich, um sie zu verführen. Obwohl Pompeia erst danach davon erfuhr, ließ sich Caesar von ihr scheiden. Seine Begründung: „Caesars Frau muss über alle Zweifel erhaben sein."

Geliebte: Kleopatra von Ägypten; Servilia, die Mutter des Brutus; Servilias Tochter Tertia; Eunoë, Königin von Mauretanien; Nikomedes, König von Bithynien

Seine Beziehung zu König Nikomedes ist eine kontroverse Sache. Caesar leugnete sie, obwohl seine Gegner ihn gern „Königin von Bithynien" nannten. Als Caesar einmal im Senat die Geschenke aufzählte, die er von Nikomedes erhalten hatte, sagte Cicero: „Wir wissen alle, was du von ihm bekommen und was du ihm gegeben hast."

Weibliche Marmorbüste, die auf der Akropolis gefunden wurde.

SPARTANISCHE MÜTTER

Wer sich fragen sollte, was spartanische Mütter empfanden, wenn ihre neugeborenen Söhne auf dem Berg Taygetos ausgesetzt wurden, weil sie als zu schwach galten, braucht sich nur den folgenden Kommentar zu Gemüte zu führen: „Dann geh einfach näher heran."

EINE SPARTANISCHE MUTTER ZU IHREM SOHN, DER SICH BESCHWERT HATTE, SEIN SCHWERT SEI ZU KURZ.

Grabschrift für Erotion, ein sechs-jähriges Sklavenmädchen

Nun mag sie tollen mit den alten Spielgefährten,
plappern und noch einmal meinen Namen lispeln.
Kein harter Rasen decke ihre zarten Glieder,
und sei du Erde ihr nicht schwer,
sie war's auch nicht für dich.

MARTIAL, *EPIGRAMME*, 5, 34

In seinem erschreckenden Zynismus benutzte Martial (1./2. Jh. n. Chr.) die ergreifenden letzten beiden Zeilen in *Epigramme*, 9, 29 noch einmal, um sich von jemandem zu verabschieden, den er verabscheute:

Dich decke weich die Erde …
damit dein Gebein sich herausscharren können die Hunde.

Einige Teilnehmer eines Gastmahls entspannen sich etwas nach dem Essen …

DER WEIN ALS VERFÜHRUNGSMITTEL

Der gedeckte Tisch eröffnet dir Zugang zu mehr als nur Essen,
wenn du schaust, kannst du mehr dir dort holen als nur Wein.
Oft packte der rosige Amor den Bacchus dort bei den Hörnern
und zog ihn an sich heran mit zarten Armen.
Und wenn der Wein dann besprengt Cupidos durstige Flügel,
bleibt dieser schwerfällig stehen am Platze.

OVID, *LIEBESKUNST*, 1, 230FF.

Liebe geht durch den Magen

Das folgende römische Drei-Gänge-Menü stammt, leicht verändert, aus dem Kochbuch des Apicius (1. Jh. n. Chr.). Römische Rezepte waren reine Gedächtnishilfen für erfahrene Köche und enthielten selten Mengenangaben oder Kochzeiten. Es ist also vorsichtiges Experimentieren geboten, auch bei diesem verführerischen Gericht.

VORSPEISE

EIN KLEINES FISCHGERICHT

filetierte, gekochte kleine Fische oder ganz kleine Sardinen,
1 Handvoll Rosinen,
1 große Prise frisch gemahlener Pfeffer, 1 große Prise Oregano,
1 Löffel gemahlene Liebstöckelwurzel,
2 kleine gewürfelte Zwiebeln,
½ Weinglas Olivenöl,
1 Spritzer *Liquamen* (vgl. S. 138), benutze etwas Meersalz, wenn kein *Liquamen* verfügbar sein sollte

Vermenge die Zutaten (außer dem Fisch) und gebe sie in eine Kasserolle. Koche alles, bis es gar ist. Füge den Fisch hinzu. Die Mischung mit etwas Mehl andicken und servieren.

HAUPTGÄNGE

HIRNPUDDING

1 Löffel Pfefferkörner,
mehrere Liebstöckelstängel oder Petersilie
etwas Oregano, 1 gekochtes Schafs- oder Kalbshirn,
5 Eier, Pilze, Suppenbrühe

Zerstoße Pfeffer, Liebstöckel und Oregano mit einem Mörser, gieße die Brühe darauf und gib das Hirn hinzu. Rühre das Ganze so lange, bis es glatt ist. Füge unter ständigem Rühren die Eier hinzu. Verdünne gelegentlich die Mischung mit etwas Brühe, gib sie in eine Metallpfanne und gare sie im Ofen, bis sie fest ist. Stürze sie auf einen Tisch und schneide sie zurecht. Bereite mit Pfeffer, Liebstöckel und Oregano eine Sauce zu. Lasse sie aufkochen, binde sie mit Mehl ab und seihe sie durch. Erhitze den Hirnpudding noch einmal in der Sauce und serviere das Ganze mit Pfeffer und Pilzen.

ODER WILDSCHWEINBRATEN

1 Wildschwein (Schweinekoteletts tun es auch),
1 Handvoll Kreuzkümmel,
Pfefferkörner, Salz, Honig, Wein,
Retsina

Bedecke das Schwein reichlich mit Salz und zerdrücktem Kümmel und lasse dies über Nacht einziehen. Würze es mit zerdrückten Pfefferkörnern und backe das ganze Schwein im Ofen. Reduziere in der Zwischenzeit den Wein in einer Saucenpfanne und mache dann das Ganze durch Honig und Retsina zu einer guten Brühe. Dicke diese mit der erforderlichen Menge Mehl an und schütte sie dann über das fertig gegarte Wildschwein. Serviere das Gericht mit jahreszeitlichem Gemüse.

ROSENWEIN

Rosenblätter,
Honig,
Wein (vorzugsweise Weißwein aus Picenum)

Nimm ein kleines Leinensäckchen und fülle es mit frisch gepflückten Rosenblättern (verwende nur deren roten Teil). Weiche das Säckchen sieben Tage im Wein ein. Fülle es danach mit frischen Rosenblättern. Weiche das Ganze eine weitere Woche im Wein ein. Entferne die Blätter. Füge zum Süßen etwas Honig hinzu und gieße nach einigen Stunden den Wein durch ein Sieb. Man sollte ausprobieren, wie viele Rosenblätter man verwenden möchte. Sind es zu viele, wird das Getränk zu einem starken Brechmittel.

EIN PIKANTES DESSERT

Pfefferkörner (je nach gewünschter Schärfe),
Nüsse, Honig, Raute, Retsina,
3 Eier, Milch

Zerstoße den Pfeffer und die Nüsse (hebe jedoch einige Nüsse auf). Füge dann einen Großteil des Honigs und die gesamte Menge Raute, Retsina, Milch und Eier hinzu. Gut durchrühren. Backe die Mischung, gieße danach den übrigen Honig darüber und überstreue das Ganze mit den restlichen zerstoßenen Nüssen.

WILDE, SCHLIMME FRAUEN (DIE KAUM ZEIT IN DER KÜCHE VERBRACHTEN)

ZWEI FRAUEN DES CLAUDIUS

MESSALINA

Während Kaiser Claudius Britannien eroberte, suchte seine nymphomanische Gattin Messalina nach anderen Eroberungen. Einmal forderte sie angeblich eine der Top-Prostituierten Roms zu einem „Duell" heraus, dass sie laut Plinius dem Älteren gewann, indem sie in schneller Abfolge 25 Kunden befriedigte.

Die kaiserliche Hure war schamlos genug, eine einfache Matte dem Ehebett im Palast vorzuziehen … Sie begab sich ins Bordell, dessen stark riechende Decken noch warm waren. Dort betrat sie die leere, ihr gehörende Kammer, um sich darin unter dem falschen Namen Lycisca nackt und mit vergoldeten Brustwarzen anzubieten … Mit Liebkosen empfing sie die Besucher und verlangte von jedem Bezahlung. Wenn dann der Bordellwirt zuletzt seine Mädchen entließ, schloss sie als Letzte die Kammer und ging voll glühender Brunst und mit geschwollenem Schoß unbefriedigt davon.

JUVENAL, *SATIREN*, VI

Vielleicht beruhte ein Großteil von Messalinas üblem Ruf auf Skandalgerüchten. Trotzdem übertrieb sie es etwas, als sie sich von Claudius „scheiden" ließ und ihren Geliebten C. Silius heiratete. Sie wurden vielleicht auch wegen einer angeblichen Verschwörung hingerichtet.

Links: *Messalina.* **Rechte Seite:** *Agrippina Minor. Während der Ehe Messalinas mit Claudius lebte Agrippina die meiste Zeit in der Verbannung. Dies schützte sie vor Messalinas Eifersucht und rettete ihr wahrscheinlich das Leben.*

AGRIPPINA MINOR

Claudius' nächste Frau, Agrippina die Jüngere, konnte zu ihrer Verteidigung schwierige Familienverhältnisse vorbringen: Caligula war ihr Bruder und Nero ihr Sohn.

Caligula verbannte sie wegen Verrat und Untreue. Als er starb, wurde sie rehabilitiert und durfte später nach Rom zurückkehren. Im Jahr 49 n. Chr. heiratete sie in dritter Ehe Claudius, obwohl sie dessen Nichte war. Man musste extra die römischen Inzestgesetze ändern, um diese Heirat zu ermöglichen.

Als er angeblich über eine neue Ehefrau nachdachte, vergiftete jemand Claudius' Lieblingsgericht (Pilze) und er starb. Agrippinas Sohn, der tyrannische und zutiefst inkompetente Nero, erbte das Kaisertum.

Möglicherweise, weil sie ihren ungeratenen Sohn „scharf beobachtete und bitter tadelte" (Sueton), fiel sie bei ihm in Ungnade. Allerdings wird berichtet, sie habe danach alles (einschließlich inzestuöser Verführungsversuche) unternommen, um Nero zurückzugewinnen. Als dieser jedoch befürchtete, sie könnte sich mit Claudius' Sohn Britannicus gegen ihn verbünden, entschloss er sich, seine Mutter umzubringen.

Nach einer vorgetäuschten Versöhnung in einem mondänen Küstenort schickte er seine Mutter in einem Schiff zurück. Auf der Fahrt sollte die Kabine über ihr zusammenstürzen und sie erschlagen. Als Agrippina dies jedoch überlebte, versuchten die verzweifelten Seeleute, sie zu ertränken, indem sie das Schiff versenkten. Dies war jedoch nicht die geeignete Methode, wenn man eine frühere Schwammtaucherin um die Ecke bringen wollte. Nero entschied sich jetzt für den direkten Weg und schickte Soldaten los, die den Befehl hatten, sie ohne Federlesens zu töten. Als Agrippina deren Schwerter erblickte, rief sie ihren Henkern in bitterem Ton zu: „Stoßt mir zuerst in den Mutterschoß."

Olympias, die Schlangenkönigin

Olympias, die Mutter Alexanders des Großen, war eine Anhängerin des Dionysos-Kultes, zu dem auch die Verehrung der diesem Gotte geweihten Schlangen gehörte. Sie trug oft Schlangen mit sich herum und ließ sie sogar in ihrem Bett schlafen. Ursprünglich eine Prinzessin aus dem Königreich Epirus in Westgriechenland, stieg sie bald zur Hauptfrau Philipps II. von Makedonien auf. Philipp hatte gewöhnlich noch sechs bis sieben Nebenfrauen.

Olympias und Philipp führten eine stürmische Ehe; gelegentlich kehrte sie kurzzeitig zu ihrem Vater zurück. Angeblich hatte sie auch immer wieder Liebhaber. Als sie einmal mit Philipp einen schlimmen Streit ausfocht, behauptete sie, nicht der König, sondern Zeus höchstpersönlich habe Alexander gezeugt.

Als Philipp ermordet wurde, sorgte Olympias dafür, dass der Mörder ihres Mannes ein prächtiges Grabmal erhielt. Außerdem ordnete sie an, dass das Schwert, mit dem das Attentat ausgeführt worden war, einen Ehrenplatz in einem Tempel in Delphi bekam. Olympias nutzte den Tod ihres Mannes auch dazu aus, in ihrer Familie eine „Mini-Säuberung" durchzuführen, der einige von Philipps Kindern zum Opfer fielen. Andere zwang sie zum Selbstmord.

Nach Alexanders Tod blieb Olympias politisch aktiv. Einige ihrer Rivalen ließ sie auf grausame und raffinierte Weise töten. Am Ende wurde sie auf Betreiben ihres Erzfeindes Kassandros ohne Prozess hingerichtet. Ihre sterblichen Überreste blieben unbestattet.

Goldmedaillon mit einem Porträt der Olympias

Zwei griechische Hetären: Phryne und Lais

Es ist ein Vermögen der Frau, den leidenschaftlichen Liebhaber zu rupfen.

OVID, *LIEBESKUNST*, 1, 420

Ein junger Mann bietet einer Frau mit Spiegel Geld an.

Der genaue Status der *hetairai* („Gefährtinnen") ist seit Jahrhunderten Gegenstand reger Diskussionen. Einst betrachtete man sie als Kurtisanen, japanischen Geishas vergleichbar. Eine neuere Auffassung hält sie jedoch im Wesentlichen für Prostituierte und (wie viele antike Frauen) Opfer einer brutalen Patriarchalgesellschaft. Hetären wie Phryne und Lais waren da wohl ganz anderer Meinung.

Phryne lebte im 4. Jahrhundert v. Chr. und war dafür berühmt, ihren Kunden, je nachdem, wie sie zu ihnen stand, unterschiedliche Kosten zu berechnen. So teilte sie mit dem Philosophen Diogenes von Sinope das Bett, ohne etwas dafür zu verlangen (da sie ihn nur wegen seines Geistes begehrte). Ein hässlicher König aus Kleinasien musste dagegen so viel zahlen, dass er die Steuern in seinem Reich erhöhen musste. Phryne soll auch dem Bildhauer Praxiteles als Modell für seine berühmte Aphrodite von Knidos gedient haben (die ihrerseits das Vorbild für die Venus von Milo war).

Seltsamerweise nannte man diese berühmte Schönheit Phryne, was wörtlich übersetzt „Kröte“ bedeutet. Vielleicht ist dieser Name auf ihren leicht gelblichen, olivfarbenen Teint zurückzuführen.

Wenn sich bei religiösen Festen wie den Eleusinien oder dem Poseidon-Fest große Menschenmengen versammelten, zog sie nur ihr Obergewand aus, bevor sie sich zum Schwimmen ins Meer begab. Dies genügte jedoch einem Maler namens Apelles, der sie auf einem seiner Bilder als aus dem Meer steigende Aphrodite darstellte. Dieses Thema sollte fast zwei Jahrtausende später Botticelli wieder aufgreifen, der allerdings ein anderes, weitaus nackteres Modell benutzte.

Die Anmaßung, an Schönheit selbst der Liebesgöttin in nichts nachzustehen, brachte ihr schließlich eine Anklage vor dem obersten athenischen Gericht ein. Ihr Verteidiger, den sie in Naturalien bezahlte, riss ihr bei der Verhandlung plötzlich die Kleider vom Leib und stellte dann die berühmt gewordene Frage, wer denn eine Frau verurteilen könne, die so offensichtlich „Aphrodites Ebenbild“ sei. Der Ankläger war über Phrynes anschließenden Freispruch so empört, dass er nie mehr einen anderen Fall vor das Gericht brachte.

Im späteren Leben wurde Phryne fabelhaft reich. Als Alexander der Große die Stadtmauern von Theben zerstören ließ, bot sie an, deren Wiederaufbau zu finanzieren, wenn die Thebaner auf den neuen Mauern die folgende Inschrift anbringen ließen: „Was Alexander niederriss, hat Phryne wieder aufgebaut.“

Die Venus von Milo stellt den Moment dar, als Phryne dem Alten Rat ihre überwältigenden Argumente darbot.

Laïs war eine wunderschöne Sizilianerin, die als Sklavin nach Korinth verkauft wurde (4. Jh. v. Chr.). Dabei war sie offenbar ebenso witzig und charmant wie schön. Es fiel ihr nicht schwer, nach einiger Zeit ihre Freiheit zu gewinnen. Sie stand jedoch im Ruf, sehr launisch zu sein. Dies hinderte sie nicht daran, sich für ihre Dienste fürstlich entlohnen zu lassen. Das ist angeblich auch der Hintergrund für das griechische Sprichwort „Nicht jeder kann sich einen Besuch in Korinth leisten."

Einmal verliebte sich Lais in einen jungen Olympiasieger, der ihr versprach, sie nach Kyrene mitzunehmen. (Tatsächlich segelte er mit ihrem Porträt ab.)

Im Alter wurde sie zur Alkoholikerin. Da Korinth inzwischen äußerst stolz auf sie war, bekam sie trotzdem ein prächtiges Grabmonument mit der Skulptur einer Löwin, die gerade ein Lamm reißt.

Viele der über Lais erzählten Geschichten gehen jedoch auf eine andere junge Frau gleichen Namens zurück. Es lässt sich unmöglich entscheiden, welche der beiden Frauen jeweils gemeint ist. In einer dieser Geschichten wollte der berühmte Redner Demosthenes auch einmal ihre Gunst genießen. Als er jedoch von dem riesigen Honorar erfuhr, gab er diese Absicht auf und sagte: „Das ist zu teuer für etwas, das ich hinterher auf jeden Fall bedauert hätte."

Es war sicherlich die jüngere Lais, die in Thessalien einen grausigen Tod erlitt, als die örtlichen Frauen an ihrer Anwesenheit Anstoß nahmen und sie steinigten. Plutarch erzählt uns, dass Aphrodite der Bevölkerung die Pest schickte, die erst dann wieder wich, als die reumütigen Thessalier der Liebe einen Tempel weihten.

> Ich, die berühmte Lais, verspottete Hellas,
> ich verschaffte meinen jungen Liebhabern großes Vergnügen.
> Jetzt im Alter weihe ich meinen Spiegel der Aphrodite.
> Mein Abbild von heute will ich nicht sehen,
> denn das, was ich war, kann ich heut nimmer sein.
>
> *GRIECHISCHE ANTHOLOGIE*, 71

VII

Tiergeschichten

Für die Menschen der Antike waren Tiere entweder exotisch oder bedrohlich, Lasttiere oder geschätzte Freunde. Und natürlich Essen auf Beinen. Ein Römer konnte am Morgen die Schönheit des Vogelgesangs bewundern und am gleichen Abend den Sänger verspeisen, ohne in seinem Verhalten irgendeinen Widerspruch zu erkennen.

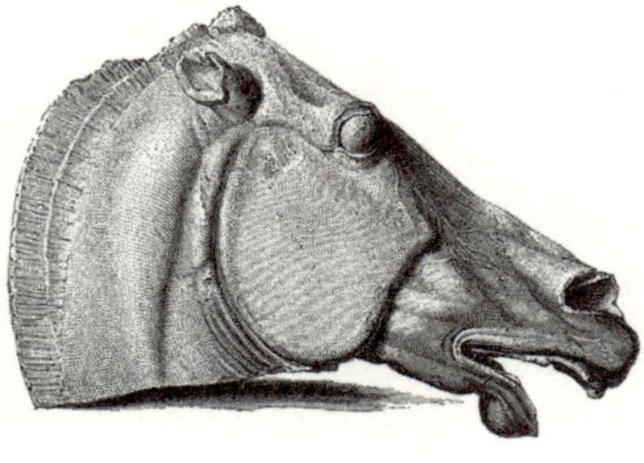

Pferdekopf vom Ostgiebel des Parthenon

Hannibal, der Schlangenbomber

Hannibal standen weniger Schiffe zur Verfügung, und er konnte es deshalb mit der feindlichen Flotte nicht an Kampfkraft aufnehmen. Er ordnete deshalb an, so viele lebendige Giftschlangen wie möglich zu sammeln und sie in Tongefäße zu stecken, die er zuvor in großer Zahl herbeigeführt hatte. Er befahl dann seinen Kapitänen, nur das Flaggschiff des Königs Eumenes [der feindliche Befehlshaber] anzugreifen und sich sonst damit zu begnügen, die anderen Schiffe des Gegners abzuwehren, was ihnen ja mithilfe der Schlangen nicht schwerfallen werde … Als sie dann die Tongefäße auf die feindlichen Schiffe warfen, brachen deren Besatzungen zuerst in lautes Gelächter aus, weil sie nicht verstanden, was da gerade vorging. Als jedoch ihre Schiffe voller Giftschlangen waren, bekamen sie es mit der Angst zu tun, wussten nicht mehr, ob sie sich zuerst gegen die Schlangen oder gegen Hannibal wenden sollten, und zogen sich zurück.

CORNELIUS NEPOS, *BERÜHMTE MÄNNER: HANNIBAL*, 10FF.

Die Orakelschlange Alexanders von Abonoteichos

Der selbsternannte Magier und Wahrsager Alexander von Abonoteichos wirkte in den ersten Jahrzehnten des 2. Jahrhunderts n. Chr. Er machte Voraussagen in Gesundheits- und Beziehungsfragen. Seine Prophezeiungen gab er in Gegenwart einer Riesenschlange ab, die er sich um den Hals geschlungen hatte und die ihm angeblich seine Erkenntnisse eingab.

Diese Schlange war sicherlich ihr Gewicht in Gold wert. In einem einzigen Jahr gab sie Alexander angeblich über 80 000 Orakelsprüche ein, von denen jeder etwas mehr als eine Drachme einbrachte – und dies zu einer Zeit, als eine Familie von 500 Drachmen ein ganzes Jahr leben konnte

GELIEBTE HAUSTIERE

Obwohl sie mit großer Begeisterung Tiere in der Arena töteten, waren viele Römer große Tierfreunde. Dabei hielten sie sich die unterschiedlichsten Lieblinge: Hunde, Dohlen, Schildkröten, Kaninchen, Affen, Hühner, Wachteln, Katzen, Tauben und Elstern. Ovid betrauerte sogar auf bewegende Weise den Tod eines Papageis: „Sein ganzes Leben war er ein einträchtiger Freund, der niemals wankte in seiner Treue." *AMORES* 2, *ELEGIE* 6

Der Philosoph Porphyrios brachte von einer Reise nach Karthago eine Wachtel nach Hause. Sie antwortete ihm, wenn er sich mit ihr „unterhielt", und schwieg, wenn er Ruhe benötigte.

Schlangen mussten für ihren Haustierstatus oft arbeiten. Viele römische Haushalte hielten sich eine Hausschlange, um tierische Schädlinge wie etwa Mäuse zu bekämpfen. Kaiser Tiberius besaß eine Lieblingsschlange, die er sogar mit eigener Hand fütterte.

Wenn mein Freund Flaccus sich an einem Langohrfuchs erfreut …
wenn Publius für sein Hündchen in Leidenschaft entbrennt
und Cronius den Affen liebt, der ihm so ähnlich sieht,
wenn ein gefährlicher Ichneumon Marius erfreut,
wenn, Lausus, dir eine Elster Vergnügen bringt,
wenn Cadilla sich um den Hals eine eisige Schlange legt,
wenn Telesilla ihrer Nachtigall ein Grabmal baut …
[Sehen wir], dass auch seltsame Wesen ihre Herren erfreuen.
MARTIAL, *EPIGRAMME,* 7, 87

WER IST HIER DER ESEL?

Elithios Phoitetes beklagte sich einmal bei seinen Freunden, dass er unter allen Menschen der Unglücklichste sei. Kaum habe er nämlich seinem Esel beigebracht, auch ohne Futter zu leben, sei ihm das Vieh plötzlich weggestorben.

TRADITIONELLER WITZ AUS DEM ALTEN GRIECHENLAND

Das Schlachtross Bukephalos

Bukephalos war ein großartiger Hengst – pechschwarz und hoch gewachsen, mit einem Kopf so groß wie ein Stier – Bukephalos bedeutet auf Griechisch „Stierkopf". Als junges Pferd war er unbeherrschbar; er bockte und schlug aus, wenn jemand aufzusitzen und ihn zu reiten versuchte. Man bot ihn König Philipp von Makedonien an, aber dessen Pferdetrainer konnten nichts mit ihm anfangen. Als Philipps kleiner Sohn das sah, äußerte er verächtlich: „Wenn diese Männer nicht so ungeschickt wären und Angst hätten, müsste man ein solch gutes Pferd nicht aufgeben." Danach behauptete er: „Ich könnte dieses Pferd reiten."

Die makedonischen Könige hatten, was die Gesundheit und Sicherheit ihrer Prinzen anging, etwas andere Ansichten als vielleicht moderne Väter. Philipp erlaubte also seinem zwölfjährigen Sohn, den Hengst zu zähmen, legte aber fest, dass dieser das Pferd selbst bezahlen müsse, wenn ihm das nicht gelänge. Der Junge hatte bemerkt, dass das Pferd vor seinem eigenen Schatten Angst hatte. Er nahm es also am Zügel, kehrte es gegen die Sonne und redete beruhigend auf es ein. Danach konnte er aufsitzen und nach kurzer Zeit ohne Schwierigkeiten reiten.

Der Junge war der spätere Alexander der Große, der im Sattel seines Bukephalos das ganze Persische Reich eroberte. Der Hengst bekam in all dieser Zeit nicht den geringsten Kratzer.

Bukephalos starb schließlich an den Ufern des Hydaspes im heutigen Pakistan, wo Alexander im Jahr 326 v. Chr. seine letzte Schlacht ausfocht. Einige berichten, der Hengst sei in diesem Kampf getötet worden. Der Historiker Arrian (1./2. Jh. n. Chr.) gibt jedoch an, dass er an Alter und Erschöpfung gestorben sei.

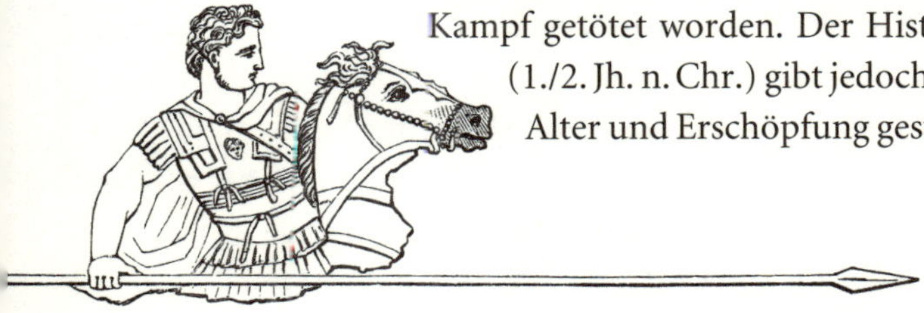

Alexander und Bukephalos

In der Nähe des letzten Schlachtfelds seines alten Streitrosses gründete Alexander eine Stadt namens Bukephala (die viele mit der modernen Stadt Jhelam gleichsetzen).

Antike Tiere und ihre menschlichen Herren

DAS PFERD IULIUS CAESARS

Er ritt ein merkwürdiges Pferd, dessen Füße fast wie die eines Menschen aussahen, denn seine Hufe waren zehenartig gespalten. Dieses Pferd war bei ihm daheim geboren worden. Da die Wahrsager erklärten, dass sein besonderes Aussehen die spätere Weltherrschaft seines Besitzers voraussage, zog er es mit größter Sorgfalt auf. Er bestieg es auch als Erster, da es sonst keinen Reiter dulden wollte. Später setzte er dem Tier ein Denkmal vor dem Tempel der Venus Genetrix. SUETON, *LEBEN DES CAESAR*, 61

DAS SEIANISCHE PFERD

In den letzten Tagen der römischen Republik besaß ein gewisser Gnaeus Seius ein solch großartiges Pferd, dass man glaubte, es stamme direkt von der Herde des sagenhaften Diomedes ab, die Hercules später nach Argos gebracht hatte, nachdem er ihren Züchter getötet hatte. Es könnte eine gewisse Wahrheit in dieser Legende liegen, da alle Besitzer dieses Pferdes ein grausiges Ende nahmen. Seius selbst wurde von Marcus Antonius zu einem „schimpflichen Tod“ verurteilt. Cornelius Dolabella, der es danach für eine ungeheure Summe kaufte, wurde kurz darauf in Syrien umgebracht. Gaius Cassius, dessen Männer Dolabella getötet hatten, nahm das Pferd in Besitz, nur um einige Zeit später bei Philippi getötet zu werden. Der Sieger Marcus Antonius forderte nun das inzwischen berühmt-berüchtigte Pferd für sich. Bekanntlich nahm er dann in Ägypten ein unrühmliches Ende. Danach sagte man noch Jahrhunderte später über einen, der vom Unglück verfolgte wurde: „Der hat das Seianische Pferd.“

DAS PFERD DES CALIGULA

So oft die Geschichte auch wiederholt wird – es ist nicht wahr, dass Caligula sein Pferd zum Konsul ernannt hat. Diese Legende geht auf eine beiläufige Bemerkung Suetons in seinem *Leben des Caligula* (55) zurück, wo der Biograf beschreibt, wie sehr der Kaiser an seinem Pferd hing:

Am Tag vor den Rennen sandte er seine Soldaten aus, die dafür sorgen mussten, dass in der ganzen Nachbarschaft Ruhe herrschte, damit sein Pferd Incitatus („der Schnelle") nicht gestört wurde. Außer einem Stall aus Marmor, einer Krippe aus Elfenbein, Purpurdecken und einem mit Edelsteinen besetzten Halsband gab er seinem Pferd noch einen eigenen Palast mit Dienerschaft und den feinsten Möbeln.

Sueton, der normalerweise nichts dabei fand, Skandalgerüchte als Tatsachen auszulegen, fügte diesem Bericht dann noch ganz vorsichtig hinzu: „Es heißt sogar, er habe vorgehabt, es zum Konsul zu machen."

Ein julisch-claudischer Prinz zu Pferde

DIE HINDIN DES SERTORIUS

Laut Plutarch besaß der aufständische Sertorius eine Hindin, die deshalb so bemerkenswert war, weil sie ein schneeweißes Fell hatte. Ein Bauer hatte sie ihm bereits als kleines Hirschkalb geschenkt.

Sertorius behauptete, die Hindin sei ihm von der Göttin Diana gesandt worden. Er machte seine abergläubischen. lusitanischen Krieger glauben, dass sie ein übernatürliches Tier sei, das ihm vor einem Kampf verrate, wo genau der Feind liege und wann genau man ihn angreifen sollte. Wenn er von einem Sieg der eigenen Partei erfuhr, hielt er die Boten von seinen Männern fern, bis er selbst ihnen verkündet hatte, dass die Hindin gute Neuigkeiten prophezeit habe.

Antike Vögel und ihre menschlichen Herren

DER HAHN DES HONORIUS

Honorius war weströmischer Kaiser Anfang des 5. Jahrhunderts n. Chr. Er hatte ein Spatzenhirn, weswegen es nicht überraschen mag, dass Hühner seine Lieblingstiere waren. Vor allem hing er an einem Hahn namens Roma. Damals war die Stadt, nach der das Federvieh benannt war, längst nicht mehr kaiserliche Hauptstadt. Der Kaiserhof hatte sich aus Furcht vor den einfallenden germanischen Horden nach Ravenna zurückgezogen. Als die Westgoten im Jahr 410 n. Chr. Rom plünderten, verkündete dies ein Bote dem Kaiser mit dem dramatischen Ausruf: „Rom ist dahingegangen."

„Aber ich habe ihn doch erst vor einer Stunde gefüttert", protestierte der entsetzte Kaiser. Als man sein Missverständnis aufklärte, war er erleichtert, dass die Nachricht doch nicht so schlimm war, wie er anfangs gedacht hatte.

LESBIAS SPERLING

Sperling, du Liebling meines Mädchens,
mit dem sie zu spielen gewohnt ist
und den sie im Schoße hält,
dessen gierigem Schnabel sie ihre Fingerspitze darreicht
und ihn so zu scharfen Bissen verleitet.
…
Könnte ich doch mit dir spielen wie die Herrin,
um die traurigen Sorgen meines Herzens zu lindern.

CATULLUS, *CARMINA*, 2

COMMODUS UND DIE STRAUSSE

Kaiser Commodus bewies seine Treffsicherheit, indem er mit Pfeilen, deren Spitzen halbmondförmig geschliffen waren, auf Strauße schoss. Dabei köpfte er sie so sauber oben am Halse, dass sie auch ohne Kopf einige Zeit weiterliefen, als ob nichts geschehen wäre.

HERODIAN, *GESCHICHTE DES KAISERTUMS NACH MARC AUREL,* 1,15, 5

Er [Commodus] tat uns Senatoren noch etwas anderes von der Art an, dass wir ganz bestimmt mit unserem Tode rechnen mussten. Er tötete einen Strauß, schnitt ihm den Kopf ab und kam in unseren Sitzungssaal. Er hielt mit der Linken den Kopf und mit der Rechten das blutige Schwert empor. Dabei sprach er jedoch kein einziges Wort, sondern bewegte grinsend sein Haupt hin und her und machte uns auf diese Weise deutlich, dass er mit uns genauso verfahren werde.

Viele, die darüber in Gelächter ausbrachen – denn uns überkam eher Lachen als Furcht – wären damals auf der Stelle ums Leben gekommen, wenn ich nicht einige Lorbeerblätter, die ich aus meinem Kranz gezupft hatte, gekaut und die anderen, die neben mir saßen, veranlasst hätte, das Gleiche zu tun, sodass wir die Tatsache, dass wir lachten, durch die dauernde Bewegung unserer Kiefer verbergen konnten.

CASSIUS DIO, *RÖMISCHE GESCHICHTE,* 72, 21

GÖTTER UND IHRE VÖGEL

Die Taube war der Aphrodite heilig,

die Eule und die Gans der Athene*,

der Adler dem Jupiter und

der Rabe dem Apollon.

*Aus der Verbindung von Athene und Gans entstanden die „Mother Goose-Geschichten."

Gänsedarstellung auf einem römischen Altar

Der Delfin, der die Menschen zu sehr liebte

Ein Junge in der kleinen Stadt Hippo Diarrhytus an der afrikanischen Küste ging eines Tages schwimmen …

Plötzlich tauchte ein Delfin auf und schwamm manchmal vor ihm und manchmal hinter ihm her. Manchmal umkreiste er ihn. Schließlich nahm er ihn auf den Rücken […] Dies tat er am nächsten Tag, am übernächsten und einige Tage danach, bis die Leute wagten […] näherzutreten, mit ihm zu spielen und ihn zu rufen, während der Delfin sich im Gegenzug berühren und streicheln ließ. Nach einer Weile machte sie die Vertrautheit kühn. Besonders der Junge, der als Erster dem Delfin begegnet war, schwamm neben ihm her, schwang sich auf dessen Rücken und wurde auf diese Weise hin und her getragen. Er glaubte, dass der Delfin ihn erkannte und mochte, so wie er selbst ihn lieb gewonnen hatte.

Poseidons Sohn Taras reitet auf einem Delfin.

PLINIUS DER JÜNGERE, *BRIEFE*, 9,33,2–10

Die Geschichte hatte jedoch ein tragisches Ende. So viele bedeutende Besucher wollten diesen bemerkenswerten Delfin sehen, dass der kleine Ort durch deren Aufnahme und Verköstigung fast Bankrott ging. Am Ende entschieden die Stadtväter, dass ihre Gemeinde so viel Ruhm nicht länger ertragen könne und „ließen den arglosen Delfin heimlich aus dem Weg räumen“.

Die fliegenden Weihrauchschlangen

Die Bäume, auf denen der Weihrauch wächst, werden alle von geflügelten Schlangen bewacht. Sie sind klein und bunt, aber sie achten in großer Zahl auf jeden Baum […] Sie können durch nichts vertrieben werden als durch Styrax-Rauch.

HERODOT, *HISTORIEN*, III,107

SCHLANGENRACHE

Schlangen kriechen gewöhnlich paarweise einher; auch kann eine Schlange ohne ihren Gefährten nicht leben. Wenn eine davon getötet wird, ergreift die andere eine unglaubliche Rachgier. Sie verfolgt den Mörder, ohne dabei auf irgendwelche Schwierigkeiten zu achten.

PLINIUS DER ÄLTERE, *NATURGESCHICHTE*, 8,86

GOTTLOSE VÖGEL

[Träume über] Rebhühner bedeuten Männer und Frauen, meistens jedoch gottlose und ehrfurchtslose Frauen, die nicht einmal zu den Männern, die sie ernähren, nett sind. Denn Rebhühner sind schwer zu zähmen, buntscheckig und haben als einziger Vogel keine Ehrfurcht vor den Göttern.

ARTEMIDOR VON DALDIS, *DIE TRAUMDEUTUNG*, 2,46

LEBENSERWARTUNGEN

Laut Aristoteles „leben die meisten Kamele etwa 30 Jahre; in einigen außergewöhnlichen Fällen leben sie auch viel länger. Es sind Fälle bekannt, wo sie 100 wurden". Tatsächlich lebt ein Kamel durchschnittlich 40 Jahre, und wenn es besonders widerstandsfähig ist, bis zu 50 Jahre. Der Weltaltersrekord beträgt angeblich 80 Jahre, aber das ist nicht verbürgt. Was die Lebenserwartung des Elefanten angeht, so kommt Aristoteles zu weit überhöhten Angaben: „Ein Elefant lebt, wie manche wissen wollen, 200 Jahre, andere meinen sogar 300." Tatsächlich leben Elefanten relativ lang, aber keiner von ihnen wird 100. Wenn sie ganz viel Glück haben, können sie 90 werden.

ARISTOTELES, *NATURGESCHICHTE*, 8,9

Dromedar

ELEFANTENRUNDE

Der Elefant des Königs Poros

In der Schlacht am Hydaspes, die für Bukephalos die letzte werden sollte (vgl. S. 113), sah sich Alexanders Heer etwa 200 Elefanten des Königs Poros gegenüber, der seine Armee persönlich auf dem Rücken eines Dickhäuters in die Schlacht führte. Als Poros' Armee nach hartem Kampf besiegt war, glitt der schwer verwundete König von seinem Elefanten zu Boden. Der Mahut (Elefantenführer) glaubte, der König steige freiwillig ab, und befahl dem Elefanten, in die Knie zu gehen. Das Vorbild des königlichen Reittiers wurde von den überlebenden Mitgliedern der Elefantentruppe befolgt. Auf diese Weise boten die Elefanten unabsichtlich den herannahenden Makedoniern ihre Kapitulation an. Als der königliche Elefant Alexanders Männer auf seinen Herrn vorrücken sah, hob er dessen Körper auf seinen Rücken und machte sich bereit, ihn zu verteidigen. Poros überlebte die Schlacht, wurde von Alexander für seine Tapferkeit gelobt und wieder in sein Königtum eingesetzt.

Surus, Hannibals tapferster Elefant

Hannibal führte 37 Elefanten über die Alpen. Woher diese kamen, ist bis heute ein Rätsel. Die meisten Wissenschaftler sind der Ansicht, dass Hannibal eine heute ausgestorbene nordafrikanische Unterart benutzte, da der heute noch existierende Afrikanische Elefant wegen seiner Größe und Wildheit kaum zu zähmen ist. Indische Elefanten waren zwar viel umgänglicher, aber lebten zu weit entfernt. Bezeichnenderweise wurde der einzige Elefant aus dem Osten „Surus" („der Syrer") genannt.

Surus zeichnete sich in der Schlacht an der Trebia durch besondere Tapferkeit aus und wurde danach Hannibals persönliches Reittier, das ihn durch die Sümpfe Etruriens trug, während er schwer krank war. Im Übrigen hatte keiner der anderen Elefanten im Heer den äußerst strengen Winter überlebt. Der ältere Plinius schreibt, dass Surus nur einen einzigen Stoßzahn gehabt habe. Dies wurde von einem anderen römischen Schriftsteller, Ennius (3./2. Jh. v. Chr.), zu einem Wortspiel genutzt: „Obwohl Surus nur einen Pfahl (*surus*) trug, konnte er sich trotzdem [damit] verteidigen." Das Wort *surus* bezeichnete einen angespitzten Holzpfahl, den jeder römische Legionär bei sich trug. Mit diesen Pfählen wurde das Nachtlager der Truppen befestigt.

Ein schwieriger Gebirgsübergang

Hannibals Alpenüberquerung war nicht das einzige Gebirgsabenteuer, bei dem Elefanten eine Rolle spielten. Im Jahr 169 v. Chr. überquerte der römische Feldherr Quintus Marcius Philippus mit etwa zwei Dutzend Elefanten in einem verrückten militärischen Abenteuer die Berge nach Makedonien.

Es war schon schwer genug, die Elefanten die Berge hinaufzubringen, aber der Abstieg über steile Abhänge wurde zu einer noch weit härteren Herausforderung. Am Ende fanden die Pioniere der römischen Armee eine Lösung: Sie bauten eine Brücke ins Nichts, einen hölzernen Laufsteg, der etwas über den Rand des Abhangs hinausführte und etliche Meter über dem Boden endete, aber bis dahin einigermaßen eben verlief, sodass ihn die Elefanten zu betreten wagten. Wenn sie dessen Ende erreicht hatten, zogen die Pionieringenieure ganz langsam die Stützpfähle heraus, sodass sich die Rampe auf den steil abfallenden Boden des Abhangs senkte. Den Elefanten blieb daraufhin keine andere Möglichkeit, als nach Makedonien hinunterzuschlittern.

Pompeius und die Elefanten

Pompeius der Große hatte nicht viel Glück mit Elefanten. Im Jahr 81 v. Chr. führte er als junger Mann einen erfolgreichen Feldzug in Nordafrika. Der junge Feldherr hielt es danach für eine gute Idee, die Einwohner von Rom dadurch zu beeindrucken, dass er den ihm gebührenden Triumphzug in einem Wagen anführte, der von vier Elefanten gezogen wurde. Der Zug hatte bereits begonnen, als Pompeius' Wagen das Stadttor erreichte. Dort stellte sich heraus, dass dieses nicht breit genug war, um die vier Elefanten nebeneinander hindurchzulassen. Nach längerem Hin und Her musste sich Pompeius mit den traditionellen Pferden begnügen.

Im Jahr 46 v. Chr. zeigte dann Caesar, wie man es machen musste. Zwar wurde sein Triumphwagen von vier Pferden gezogen, jedoch von 40 Elefanten begleitet, die Fackeln in ihren Rüsseln trugen.

Im Jahr 55 v. Chr. kam es für Pompeius noch schlimmer. Damals entschied er sich, zur Feier der Eröffnung seines neuen Theaters spektakuläre Spiele zu veranstalten. Dabei ließ er 18 Elefanten in der Arena gegen bewaffnete Soldaten auf Leben und Tod kämpfen. Die Elefanten waren in ihrer Mehrheit zahm. Als die menschlichen Kämpfer sie angriffen, trompeteten sie in ihrer Angst und Verwirrung so herzzerreißend, dass die Zuschauer mit ihnen Mitleid bekamen. Als das letzte Tier hingeschlachtet worden war, stand die Menge auf und buhte Pompeius aus.

EINE NATURKATASTROPHE

Es wird berichtet, dass eine Stadt in Spanien völlig zerstört wurde, als Kaninchen sie unterwühlten.

PLINIUS DER ÄLTERE, *NATURGESCHICHTE*, 8,104

GELOBT SEIEN DIE NUTZTIERE

Elithios Phoitetes unterhält sich mit zwei Freunden. Einer sagt: „Es ist falsch, Schafe zu schlachten, denn sie versorgen uns mit Wolle für unsere Kleider und Decken." Der zweite fügt hinzu: „Wir sollten auch keine Kühe töten, denn sie liefern uns Milch und Käse." Elithios schließt sich den beiden an: „Und wir sollten auch keine Schweine schlachten, denn sie versorgen uns mit so viel köstlichem Fleisch."

TRADITIONELLER WITZ AUS DEM ALTEN GRIECHENLAND

RÖMISCHE SPEZIALITÄTEN

Drosseln: Die aus Spanien waren besonders köstlich.

Schnecken: Je größer, desto besser, und möglichst mit Milch gemästet.

Siebenschläfer: Einige Rezepte sind erhalten geblieben.

Saueuter: Als besonders Delikat galt das „Trojanische Pferd", bei der es mit verschiedenen Fleischsorten gefüllt wurde.

ANTIKER TIERSCHUTZ

Die Einwohner Thessaliens verehrten die Störche, von denen sie annahmen, dass sie sie vor Schlangenplagen bewahrten. Wer einen Storch tötete, wurde auf Lebenszeit verbannt.

PLUTARCH, *MORALIA*, 4,74

DAS CHAMÄLEON

Plinius liefert eine ziemlich genaue Beschreibung dieses Tieres: „Besonders merkwürdig ist die Art seiner Färbung, denn es verändert diese zuweilen an den Augen, am Schwanz und am ganzen Körper. Wenn es eine Farbe berührt, nimmt es diese an, ausgenommen die Farbe ist Rot oder Weiß." Am Ende ruiniert er dann jedoch die sonst so akkurate Darstellung durch die Aussage: „Es ist das einzige Tier, das nicht von Speise und Trank, sondern nur von der Luft lebt."

PLINIUS DER ÄLTERE, *NATURGESCHICHTE*, 8,122

ÄPFEL ZUM MITNEHMEN

Auch die Igel sammeln Vorräte für den Winter. Sie wälzen sich auf herabgefallene Äpfel und spießen sie mit ihren Stacheln auf. Am Schluss nehmen sie dann noch einen Extraapfel ins Maul und tragen alles in die hohlen Bäume, in denen sie wohnen.

PLINIUS DER ÄLTERE, *NATURGESCHICHTE*, 8,133

DER BÄR

Der Bär, ein sehr wildes und furchtbares Tier, bringt gestalt- und gliederlose Jungen auf die Welt. Die Bärin formt mit der Zunge wie mit einem Werkzeug die Glieder, sodass sie ihr Junges nicht nur zu erzeugen sondern auch zu bilden scheint.

PLUTARCH, *ÜBER DIE LIEBE ZU DEN KINDERN*, 2

Der römische Kaiser Valentinian I. hielt sich zwei Bärinnen namens „Goldflöckchen" und „Innocentia" (die „Unschuldige") in einem Käfig direkt neben seinem Schlafzimmer. Er nutzte sie, indem er ihnen lästige Bittsteller, irgendwelche Schurken oder andere ihn störende Menschen vorwerfen ließ.

AMMIANUS MARCELLINUS, *RÖMISCHE GESCHICHTE*, 29,3,9

KATZEN

In Ägypten wurden Katzen so sehr verehrt, dass eine wütende Menge einmal einen römischen Gesandten erschlug, der unabsichtlich eine Katze getötet hatte.

DIODORUS SICULUS, *HISTORISCHE BIBLIOTHEK*, 1,83

In Rom war zu Füßen des Standbilds der Göttin Libertas („Freiheit") eine Katze angebracht, da die Römer die Katze für das freieste und unabhängigste Tier hielten.

Fabeltiere

Der Mantikor: Der Mantikor ist so groß wie ein Löwe und ebenso behaart. Seine Tatzen sind löwengleich, Gesicht und Ohren ähneln dem Menschen. Seine Augen sind blau, und seine Farbe ist zinnoberrot. Der Schwanz ist wie beim Skorpion mit einem Stachel versehen. Außerdem hat er auf dem Körper eine andere Art von Stacheln, die er wie Pfeile verschießen kann. Seine Stimme liegt irgendwo zwischen einer Panflöte und einer Trompete. Er kann so schnell laufen wie ein Hirsch, er ist wild und er frisst Menschen.

ARISTOTELES, *NATURGESCHICHTE,* 2,1

Die indische menschenfressende Riesengoldgräberameise: Es gibt Ameisen, die kleiner sind als Hunde, aber größer als Füchse. … Der Sand, den sie herauswühlen, enthält Gold. … Die Inder füllen ihre mitgebrachten Säcke mit Sand und machen sich dann so schnell wie möglich davon, da die Ameisen keinen von ihnen am Leben lassen würden, wenn sie ihn in ihre Gewalt bekämen.

HERODOT, *HISTORIEN,* III,102FF.

Der skythische Kampfkranich: Diese Vögel ziehen aus den skythischen Steppen in die Sumpfebenen Oberägyptens, von wo der Nil kommt. Dort sollen sie übrigens auch gegen die Pygmäen kämpfen. Diese sind ja nicht nur Fabelwesen, diese kleinen Menschen existieren wirklich. Sie leben in unterirdischen Höhlen, und ihre Pferdchen sind vergleichsweise ebenso klein. ARISTOTELES, *NATURGESCHICHTE,* 8,12

Die Strix: Vogelart mit großem Kopf, starrem Blick, scharfem Schnabel und Krallen, die wie Angelhaken gekrümmt sind; sucht nachts nach Säuglingen, deren Eingeweide sie herausreißt, und trinkt die mit Blut vermischte Muttermilch aus dem Magen. Ihr nächtliches Geschrei erfüllt alle Menschen mit Schrecken. NACH OVID, *FASTI,* 6, 131FF.

HUNDENAMEN

Xenophon überliefert uns in seinem Buch *Über die Jagd* (7,5) folgende griechische Hundenamen: Psyche, Thymos, Porpax, Styrax, Logché, Lochos, Phrura, Phylax, Taxis, Xiphon, Phonax, Phlegon, Alké, Teuchon, Hyleus, Medas, Porthon, Sperchon, Orgé, Bremon, Hybris, Rhomé, Antheus, Hebe, Getheus, Chara, Leusson, Augo, Polyeus, Bia, Stichon, Spudé, Bryas, Oinas, Sterros, Kraugé, Kainon, Tyrbas, Sthenon, Aither, Aktis, Aichmé, Noes, Gnomé, Stibon, Hormé.

Ovid fügt in seinen *Metamorphosen* (3,206–225) die folgenden hinzu: Melampus, Ichnobates, Pamphagos, Dorceus, Oribasos, Nebrophonos, Laelaps, Theron, Pterelas, Agre, Hyraeus, Nape, Poemenis, Harpyia, Ladon, Dromas, Canache, Sticte, Tigris, Alce, Leucon, Asbolos, Lacon, Aello, Thoos, Lycisce, Cyprius, Harpalos, Melaneus, Lachne, Labros, Argiodus, Hylactor.

Freunden der klassischen Antike, die nach einem passenden Namen für ihre Promenadenmischung suchen, könnte man vielleicht Polyeus („Streuner") oder Stikte („Schecke") vorschlagen.

Einige Namen sind sinnbildlich, so zum Beispiel Aello („Wirbelwind"), während andere das Aussehen beschreiben (so bedeutet etwa Asbolos „rußfarben"). Andere Hunde werden nach ihren Eigenschaften benannt, wie etwa Celer („der Schnelle") und Ferox („der Wilde") in Columellas landwirtschaftlicher Lehrschrift *De re rustica.*

Plinius berichtet, dass in der Regierungszeit des Tiberius ein Hund sich einmal geweigert habe, den Leichnam seines hingerichteten Herrn zu verlassen, „wobei er in der Gegenwart einer Menge römischen Volkes ein jämmerliches Geheul ausstieß. Als ihm jemand ein Stück Fleisch zum Fressen vorwarf, trug er es zum Munde des Toten. Als der Leichnam schließlich in den Tiber geworfen wurde, schwamm der Hund ihm nach und versuchte, ihn über Wasser zu halten."

PLINIUS DER ÄLTERE, *NATURGESCHICHTE,* 8,145

Cave canem *(„Achtung vor dem Hund!"), Mosaik aus Pompeji*

HUNDE

Zieh scharfzähnige Hunde dir auf,
nicht geizend mit Futter.
Dass Tagschläfer dir
nicht einmal fortschleppen die Habe.

HESIOD, ETWA 700 V. CHR.,
IN: *WERKE UND TAGE*, 604F.

Alkestis starb für ihren Gatten, aber ihr heutigen Frauen würdet euren Mann in den Hades gehen lassen, wenn das euer Schoßhündchen rettet.

JUVENAL, *SATIREN*, 6

Zum Gebrauch im Kriege hielten sich die Kolophonier ganze Hundemeuten. Diese kämpften an vorderster Front und waren bekannt dafür, niemals zurückzuweichen. Sie nannten sie ihre treuesten Hilfstruppen und brauchten dabei nicht einmal Sold.

PLINIUS DER ÄLTERE, *NATURGESCHICHTE*, 8,133

Abschiedsgruss an eine treue Freundin

Seine Hündin Parthenope, mit der im Leben
so gerne er spielte, hat Anaxeos hier begraben.
Für das Vergnügen, das sie ihm gab,
erweist er ihr jetzt diese Ehre. Denn die Zuneigung
selbst eines Hundes verdient guten Lohn,
so wie die, die im Leben erfreut ihren Herrn,
jetzt erhält dieses Grab. Stell also sicher, dir
Freunde zu gewinnen, die dich lieben im Leben
und danach auch im Tod für dich sorgen.

INSCHRIFT DES ANAXEOS VON LESBOS AUF DEM GRAB SEINES HUNDES

VIII

Merkwürdige Berufe

Die Gesellschaft der Antike unterschied sich in vielem von der Welt der Moderne. Deswegen wurden auch andere Fertigkeiten benötigt. Wir mögen uns heute über den Beruf des Achselhaarzupfers wundern, aber die Römer wären ihrerseits genauso über Lebensberater und Aromatherapeuten erstaunt gewesen. Während der Wandel der Zeiten einige Berufe überflüssig gemacht hat, scheinen andere wie der des „Delators", der sein Geld als professioneller Denunziant verdiente, vor einem Comeback zu stehen. Dieses Kapitel untersucht einige der eigentümlicheren Berufsmöglichkeiten der antiken Welt.

Römischer Tuchwalker (vgl. S. 141)

DIE ARMEE

Der Sappeur

Für diese Soldaten hatte „Untergrundkrieg" nichts mit Geheimcodes oder Widerstandskämpfern zu tun. Die Sappeure gingen mit der Schaufel in der Hand im Wortsinne „in den Untergrund" – unter die Erde. Ihre Aufgabe war es, Tunnel („Sappen") bis unter die Befestigungsmauern einer belagerten Stadt zu graben und deren Fundamente dann durch ölgetränkte „Grubenstempel" zu ersetzen. Kurz vor einem Angriff setzten die Sappeure dann diese Holzstützen in Brand. Wenn diese durchgebrannt waren, stürzten die Mauern unter ihren perplexen Verteidigern ein. Natürlich kannten Letztere dieses Spielchen und versuchten mit allen Mitteln, die Tunnel aufzuspüren und sich ihrerseits mit ihren eigenen Sappeuren bis zu ihnen vorzuarbeiten. Sie konnten ihren Gegnern im Untergrund dann schon einmal einen wütenden Wespenschwarm oder einen oder zwei wilde Bären als Willkommensgruß entgegenschicken. Manchmal leiteten sie auch einfach öligen Rauch in den Tunnel der Angreifer, die daraufhin auf elende Weise erstickten.

WOHLTEMPERIERTE WAFFEN

Schwerter wurden dadurch gehärtet und biegsamer gemacht, dass man das Eisenerz längere Zeit in Holzkohle auf sehr hohe Temperaturen erhitzte. Der Kohlenstoff der Holzkohle wurde dabei vom heißen Eisen absorbiert, das dadurch zu Stahl wurde.

Kampfelefantentreiber

Die Männer, die einen Elefanten in die Schlacht führten, mussten den Charakter ihres launischen Schützlings gut kennen. Während ein aufgeregter Elefant Tod und Verderben über jede eng geschlossene Schlachtreihe von Fußsoldaten brachte, war es einem übererregten Elefanten völlig egal, auf welcher Seite die jeweilige Fußtruppe kämpfte. Um einen Amok laufenden Elefanten daran zu hindern, die eigenen Leute niederzuwalzen, hatte jeder Elefantentreiber einen scharfen Meißel und einen Hammer dabei. Im äußersten Notfall würde er dann den Meißel in das Gehirn des Elefanten treiben.

Elefanten ziehen einen Streitwagen und tragen einen Turm.

Elefantenbekämpfer und Schweineanzünder

In Anbetracht der Zerstörungskraft eines gut geführten Elefanten und der demoralisierenden Wirkung, die er auf den Gegner haben konnte, überrascht es kaum, dass man alles Mögliche unternahm, um die feindlichen Elefanten vom Schlachtfeld zu entfernen, bevor sie dort einen Schaden anrichten konnten. Die entsprechenden Taktiken reichten von einem gewöhnlichen Massenbeschuss mit Brandpfeilen bis zum letzten Mittel, ein mit Teer eingeschmiertes Schwein anzuzünden und den quiekenden Feuerball dann den heranrückenden Dickhäutern entgegenzuschicken. Die Soldaten des Elefantenabwehrkorps des Königs Perseus von Makedonien trugen Rüstungen, deren Vorder- und Rückseiten mit scharfen Eisenstacheln gespickt waren.

Ballistenschütze

Das Abfeuern eines Katapults war eine komplizierte Angelegenheit. Aber die Aufgaben eines Ballistenschützen waren damit noch lange nicht zu Ende. Mit Ausnahme einiger spezieller Ausrüstungsteile wurden die meisten Belagerungsgeschütze vor Ort gebaut, sodass die Schützen auch über gute Ingenieurskenntnisse verfügen mussten. Für einen Sturmangriff stand dem Ballistenschützen eine ganze Reihe unterschiedlicher Steine zur Verfügung. Einige waren sogar gefärbt, damit sie sich nicht gegen den Himmel abhoben und den menschlichen Zielen damit nicht die Zeit ließen, sich zu ducken. Es war wahrscheinlich der Traum der meisten Schützen, einmal ein solch seltsames Geschoss wie den Kopf eines gefangenen Generals über die gegnerische Stadtmauer schleudern zu dürfen, wie es einst ein römischer Befehlshaber von seinen Artilleristen verlangte. Er landete dann mitten im Kriegsrat seiner noch lebenden Generalskollegen, die gerade darüber diskutierten, ob sie ihren Widerstand fortsetzen sollten.

Das Bedienen solcher Maschinen war jedoch beileibe nicht gefahrlos, wie Ammianus Marcellinus (4. Jh. n. Chr.) berichtet:

Während dieser Kämpfe [gegen die Perser] befestigte ein Geschützmeister einen Stein nur locker an der Wurfmaschine. Einer unserer Maschinenbauer … wurde umgerissen und war auf der Stelle tot. Seine Brust wurde zerschmettert und seine Glieder waren derart zerrissen, dass kaum noch Spuren seines ganzen Körpers zu erkennen waren.
RÖMISCHE GESCHICHTE, 24,4,28

Die zwei Haupttypen der Balliste waren der „Skorpion" – ähnlich einer riesigen Armbrust – und der später entwickelte „Onager", ein Katapult, bei dem ein verdrehtes Seilbündel die Funktion einer Feder erfüllte.

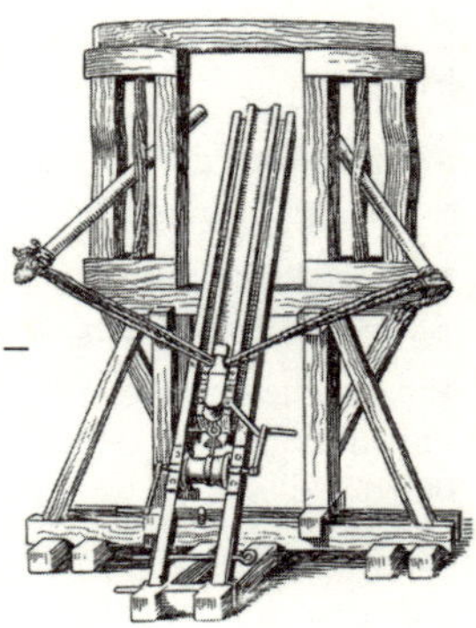

Römische Balliste

Belagerungsturm-Feuerwehrmann

Belagerungen kamen in der Antike häufig vor. Solche Operationen waren eine äußerst ausgeklügelte Angelegenheit, die großes Spezialwissen erforderte. Eine Möglichkeit, die gegnerische Stadtmauer zu überwinden, war der Bau eines Belagerungsturms, einer Art Mini-Hochhaus auf Rädern. Soldaten schoben ihn an die Mauer heran und kletterten dann hinauf, bis sie auf die Mauerkrone springen konnten. Der Gegner unternahm natürlich alles, um den Turm zu zerstören. Dazu benutzte er meist Brandpfeile oder kochendes Öl. Die Männer, die die Aufgabe hatten, den Turm vor solchen Bränden zu bewahren, hüllten ihn in nasse Kuhhäute. Während des Angriffs standen sie im Turm, um das aufflackernde Feuer mit Schläuchen zu löschen, die aus speziell behandelten Rinderdärmen hergestellt waren.

Römische Legionärsränge in aufsteigender Ordnung

Munifex: der niedrigste Dienstrang

Immunis: Wie der Name sagt, war er von einigen der unangenehmeren Pflichten „befreit“.

Principalis: ein Unteroffizier auf dem Weg zum Offiziersrang eines Centurio

Optio: der Stellvertreter des Centurio

Die **Centurionen** („Hundertschaftsführer“) hatten ihre eigene komplexe Hierarchie:

Primus Pilus: der oberste Centurio einer Legion

Militärtribun: einer der sechs Stabsoffiziere der Legion

Praefectus Castrorum: Verwaltungschef, der den Alltagsbetrieb leitete

Tribunus Laticlavius: der Stellvertreter des Legaten

Legat: der Befehlshaber der Legion

(Offiziell waren alle Ranginhaber unterhalb des Centurio einfache Legionäre. Trotzdem waren einige Legionäre „gleicher“ als die anderen.)

Fries mit tanzenden Mädchen

UNTERHALTUNG

SYMPOSIONSUNTERHALTUNGSKÜNSTLER

Ein Symposion war mehr als ein einfaches Gastmahl. Es war die Gelegenheit für griechische Männer, in einem Privathaus zusammenzukommen und über das Leben, das Universum und alles dazwischen zu diskutieren – oder auch sich zu betrinken, während man einer guten Unterhaltungsshow zusah. Diese Aufführungen wurden von professionellen Künstlertruppen bestritten. Manchmal konnte das Ganze zu einer spontanen Orgie ausarten, bei der von den Darstellern erwartet wurde, dass sie daran teilnahmen.

BUSTUARIA

In Rom gab es Prostituierte für jeden Geschmack und Geldbeutel. Ganz unten in der Rangliste standen die Frauen, die sich nicht einmal ein eigenes „Arbeitszimmer" leisten konnten, sondern ihre Kunden in Grabstätten empfingen, die sie zu diesem Zweck „umfunktioniert" hatten. Ihr Spitzname „Bustuaria" leitet sich von bustum, *dem lateinischen Wort für „Grabstätte", ab. Eine treffende deutsche Übersetzung wäre „Friedhofshure".*

Wagenlenker

„Lebe schnell, stirb jung", könnte das Motto der Männer gelautet haben, die in ihren winzigen Wagen hinter vier dem Irrsinn nahen Pferden in Höchstgeschwindigkeit durch die Arena jagten. Wagenrennen waren ein uralter Sport, der bereits einen Höhepunkt der Olympischen Spiele darstellte. Seine höchste Popularität erreichte er jedoch im römischen Circus Maximus. In den ersten Jahren der römischen Kaiserzeit kamen Hunderttausende, um die Rennen zu beobachten. Die Teilnehmer machten eine Menge Geld: „Du bekommst in einem ganzen Jahr, was ein Wagenlenker an einem einzigen Tag verdient", schreibt Juvenal (1./2. Jh. n. Chr.) in einem seiner Gedichte über einen Lehrer. Aber auch die Risiken waren groß, wie diese Verse des Dichters Martial beweisen:

Ich bin jener Scorpus, Ruhm des schreienden Zirkus,
Anlass für deinen Applaus, Rom, doch kurz nur geliebt.
Von der neidischen Schicksalsgöttin nach 27 Jahren geraubt.
Als sie die Siegespalmen zählte, hielt sie ihn für einen Greis.

MARTIAL, *EPIGRAMME*, 10, 53

Deiner Jugend wurdest du beraubt, o Scorpus,
viel zu früh schirrst du an die schwarzen Rosse des Todes.
Immer wieder erreichtest du frühzeitig das Ziel,
warum war es jetzt auch deinem Leben so nah?

MARTIAL, *EPIGRAMME*, 10, 50

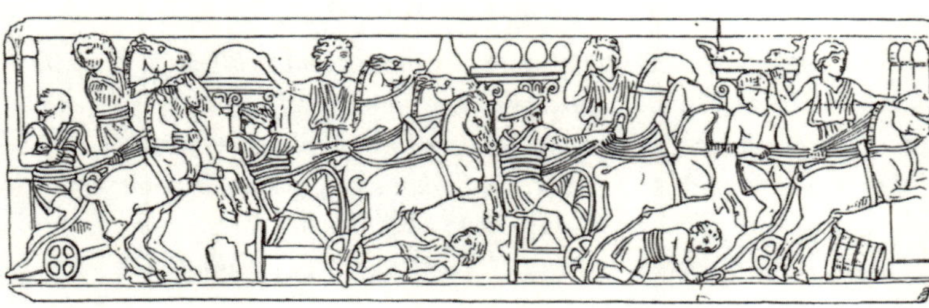

RÖMISCHE GLADIATOREN

Dimachaeri kämpften mit zwei Kurzschwertern.

Equites: Gladiatoren zu Pferde

Hoplomachi: Hopliten, kämpften oft gegen Thraker

Laquearii: „Lassokämpfer“; die Cowboys der Arena

Murmillones: Schwertkämpfer, gegen Hoplomachi und Thraker

Retiarii: die „Netzkämpfer“, mit Dreizack und Dolch ausgerüstet

Secutores: mit Helm, Schild und Schwert; Hauptgegner der Retiarii

Samniten: wie die Kämpfer des italischen Volksstamms, des ehemaligen Hauptfeindes der Römer, mit einem rechteckigen Schild, einem Helm und einem Kurzschwert ausgerüstet

Thraker: mit einem Rundschild und einem kurzen Krummschwert

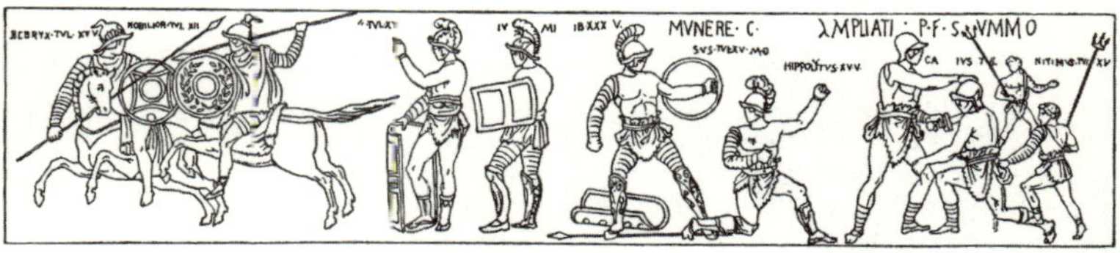

Links: *Wagenrennen.* **Oben:** *Gladiatoren. Von diesen beiden römischen Massenunterhaltungen waren Wagenrennen wahrscheinlich die beliebtere.*

DER LANISTA

Während der Glanz der Arena die Gladiatoren zu einer Art Popstar ihrer Zeit werden ließ, mussten viele unterlegene Gladiatoren feststellen, dass sie keine Altersversorgung mehr brauchten. Die Risiken ständiger Kämpfe ließen viele lieber rechtzeitig aufhören. Als Alternative bot sich ihnen eine Karriere als Ausbilder künftiger Gladiatoren. Unglücklicherweise wurde der berufsmäßige *lanista* im Gegensatz zu den hoch verehrten Gladiatoren allgemein verachtet, während die wohlhabenden Amateure, die sich eine gute Gladiatorentruppe hielten, von allen Seiten Lob und Anerkennung erfuhren, wenn ihre Kämpfer erfolgreich waren.

Sonnensegelspanner

In den griechischen und römischen Theatern fanden die Aufführungen bei Tageslicht statt. Angesichts der Sommerhitze in den Mittelmeerländern waren große Sonnensegel höchst willkommen. Je größer das Theater oder die Arena, desto schwieriger war es jedoch, diese Segel aufzuspannen. Am geschicktesten waren hier die in Misenum stationierten römischen Matrosen, deren Aufgabe es war, die riesigen Sonnensegel zu entfalten, die den Zuschauern im römischen Colosseum Schatten spendeten. (Die eigentliche Arena lag weiterhin in der Sonne. Allerdings hatten alle, die dort auftreten mussten, ganz andere Sorgen.)

Griechische Akrobaten. Sie traten oft in den Pausen zwischen den einzelnen Wagenrennen im Circus Maximus auf.

DEUS EX MACHINA

Wörtlich: „Gott aus der Maschine". Es handelte sich dabei um einen Schauspieler, der an eine kranähnliche Hebemaschine hoch über der Spielstätte geschnallt war und am Ende eines griechischen Theaterstücks auf die Bühne heruntergelassen wurde, um als Verkörperung eines Gottes durch sein Machtwort die restlos verfahrene Situation aufzulösen, in die die Figuren im Verlaufe des Stücks geraten waren. Diese Methode führte mit der Zeit zu abgedroschenen Ergebnissen, sodass der „Deus" oft nicht mehr mit ehrfürchtigem Schweigen, sondern mit lauten Buhrufen begrüßt wurde.

HANDEL UND GEWERBE

Fernkaufmann

Im Reich Queen Victorias hieß es, „der Handel folgt der Flagge". In Caesars Reich kamen die Händler lange vor den Legionsadlern. Sie gelangten sogar an Orte, zu denen sich die römischen Truppen niemals vorwagten, sei es China oder die indische Küste. Den Römern gelang es nie, die Germanen zu unterwerfen, aber ihre Händler schafften es, bei diesen die Nachfrage nach mediterranen Weinen zu wecken. Weit außerhalb der Reichsgrenzen wurden in Germanien ganze Handelsstädte ausgegraben. Überhaupt ist es eine archäologische Eigentümlichkeit, dass bisher die meisten römischen Schwerter jenseits der alten Grenzen des Imperiums gefunden wurden. Die römischen Behörden mochten es eben nicht, wenn die Reichsbürger Waffen trugen. Andererseits hatten nicht wenige Fernhändler keinerlei Skrupel, Roms Feinden hochwertige Waffen zu verkaufen.

Pirat

Auf dem Mittelmeer wimmelte es nur so von Piraten. Bei einigen Völkern wie den Illyrern war die Piraterie fast ein Nationalsport. Die Piraten plünderten nicht nur die Handelsschiffe aus, sondern nahmen auch deren Passagiere gefangen, die sie dann in die Sklaverei verkauften, wenn sie sich nicht auslösen konnten. Tatsächlich geriet sogar Iulius Caesar einmal in die Gefangenschaft solcher Seeräuber. Als er die Höhe des Lösegelds hörte, das sie für ihn verlangten, war er entrüstet und forderte, dass es bedeutend erhöht werden müsse. Einige der erfolgreichsten Piratenschiffe besaßen mit echtem Purpur gefärbte Segel und mit Silber überzogene Ruder.

LIQUAMEN-HERSTELLER

Das Gute an diesem Beruf war die Arbeitsstelle an der Küste des sonnigen Spaniens. Weniger schön war jedoch der Herstellungsprozess dieser auch *Garum* genannten Würzsoße. Zuerst musste man große Mengen Fisch (am besten Makrele) in große, flache Bottiche voller Gewürze und Salz schaufeln. Dann musste man warten, bis die Fischstücke fermentierten und sich nach einigen Wochen in der Sonne auflösten. Wenn die Natur dann ihre Arbeit getan hatte, musste man die Mischung mehrmals durch ein Tuch pressen, sie in spezielle Amphoren füllen und zum Verkauf nach Griechenland oder Italien befördern.

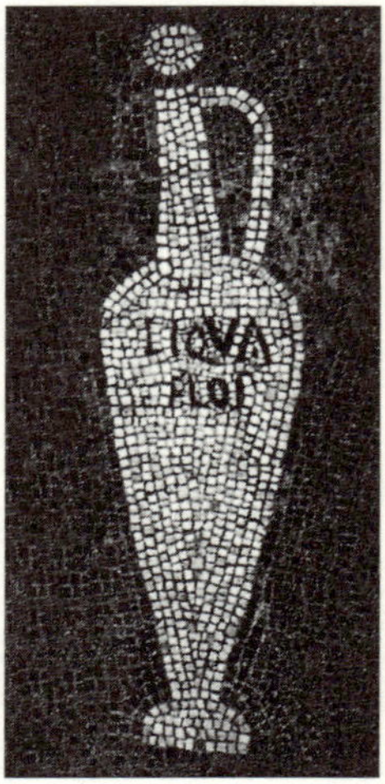

Liquamen-Gefäß auf einem Mosaik aus Pompeji.

Duftende Salbe war soeben noch
in dieser kleinen Onyxdose.
Dann roch Papylus daran,
und sieh, gleich war es Liquamen!

MARTIAL, *EPIGRAMME*, 7,94

DELATOR

Heute würde man diese Leute Informanten nennen. Jeder, der über echte Beweise verfügte oder diese wenigstens glaubhaft fabrizierte, konnte den römischen Behörden einen politischen Verbrecher melden. Als Lohn erhielt er dann nach dessen Hinrichtung einen Teil von dessen Vermögen. Als ein reicher Römer einmal seinen Namen auf dem antiken Steckbrief, der Proskriptionsliste, las, kommentierte er dies traurig: „O weh, ich sehe, mein Gütchen in den Albaner Bergen verfolgt mich." Ungünstig für die *Delatores* war jedoch, dass die römische Obrigkeit genaue Listen über all jene führte, denen sie solche Zahlungen hatte zukommen lassen. Diese Aufstellungen wurden nach jedem Regimewechsel natürlich ganz genau gelesen. Unglücklicherweise erkannten selbst Revolutionsregierungen, dass es ungünstig wäre, alle zukünftigen Denunzianten abzuschrecken. Aus diesem Grund mussten die *Delatores* meist nur das Geld zurückgeben.

Die Bürger des antiken Athens waren besonders stolz auf ihre Feigen. Diese genossen auch im Ausland einen guten Ruf. Da Attika jedoch weder groß noch besonders ertragreich war, wurden die begehrten Feigen manchmal knapp. Es dauerte nicht lange, bis ein einfallsreicher Politiker seine Beliebtheit dadurch erhöhen wollte, dass er deren Ausfuhr verbot. Nach kurzer Zeit begannen einige natürlich mit dem Schmuggeln dieser Früchte. Die Behörden zahlten daraufhin allen, die diese Schmuggler denunzierten, eine Belohnung. Diese Denunzianten nannte man im Volksmund „Feigenanzeiger" oder griechisch „Sykophanten". Noch heute nennt man so diejenigen, die sich bei der Obrigkeit einschleimen wollen.

Als Elithios einmal auf den Markt gehen wollte, fragte ihn ein Freund, ob er ihm dort nicht zwei 15-jährige Sklaven besorgen könne. „Kein Problem", antwortete Elithios. „Und wenn ich keine zwei 15-Jährigen zu einem angemessenen Preis finden kann, bringe ich dir einfach einen 30-jährigen Sklaven mit."

TRADITIONELLER WITZ AUS DEM ALTEN GRIECHENLAND

Sklave in Ketten. Während einige Sklaven wie etwa Tiro (Sklave des Cicero) fast zur Familie gehörten, wurden viele nicht viel besser als Nutztiere behandelt.

DER *CURSUS HONORUM* – DIE ÄMTERLAUFBAHN IN ROM

Quästor: niedrigstes Amt; Untersuchungsrichter, Verwalter und Eintreiber der öffentlichen Gelder und Steuern im Dienste der Konsuln. Damit war das Anrecht auf eine Aufnahme in den Senat verbunden.

Volkstribun: den Plebejern vorbehaltenes Amt; verfügte trotz des eher geringen politischen Rangs über beträchtliche Macht

Ädil: sorgte für das Funktionieren der Stadt, Sauberkeit auf den Straßen, die Infrastruktur und überwachte und lizensierte die unterschiedlichsten Einrichtungen

Prätor: hohes Verwaltungsamt. Prätoren führten Armeen an, leiteten Provinzen oder erfüllten wichtige Aufgaben in Rom. So war der *Praetor Urbanus* für die Gerichtsbarkeit in Rom zuständig, während der *Praetor Peregrinus* sich der Rechtsstreitigkeiten annahm, an denen *Peregrini*, also Einwohner Roms ohne Bürgerrecht, beteiligt waren.

Konsul: Ursprünglich wurden pro Jahr zwei Konsuln gewählt. In der Kaiserzeit traten sie oft während ihrer Amtszeit zurück, um jemand anderem Platz zu machen.

Zensor: angesehenstes Amt, das später die Kaiser für sich selbst reservierten; verantwortlich für die Zählung und Vermögensschätzung der Bürger („Zensus"); erteilten die staatlichen Aufträge an Unternehmer

SENATORISCHE ÄMTER DRAUSSEN IM REICH

Die Mitglieder des römischen Senats benötigten eine Sondererlaubnis des Kaisers, bevor sie Italien verlassen durften. Viele wurden jedoch im kaiserlichen Auftrag in die Provinzen geschickt. Hier ihre Amtsstellungen in aufsteigender Ordnung:

Vigintivir, 26 bzw. 20 niedere Beamte mit verschiedenen Aufgaben innerhalb und außerhalb Roms

Tribunus Laticlavius: Stellvertreter des Statthalters oder Legionskommandanten

Quästor: ein jüngerer Senator, der oft unter dem Statthalter die Finanzangelegenheiten einer Provinz regelte

Prätor: verwaltete oft kleinere Provinzen, vor allem solche, in denen keine Legionen stationiert waren

Legionslegat: Legionskommandeur und damit Herr über vier Prozent der Streitkräfte

kaiserlicher Legat: Statthalter einer kaiserlichen Provinz, die er in Vertretung des Kaisers verwaltete

prokonsularischer Statthalter: Statthalter einer senatorischen Provinz, der zumindest *de iure* niemand Höheren vertrat

Träger des Imperium Maius: steht im Rang über allen, selbst über den Provinzstatthaltern (die meisten Kaiser reservierten dieses Amt daher für sich selbst)

Tuchwalker

Der „Kandidat“ für ein römisches Amt war schon von Weitem durch seine *Toga candida,* seine „strahlend weiße Toga“, zu erkennen. Der Mann, der den entsprechenden Stoff bleichte, war der Walker. Die Menschen der Antike benutzten keine Seife, um das Fett in schmutziger Kleidung zu binden. Sie vertrauten stattdessen auf eine in Wasser gelöste Mischung aus Säuren und Nitraten. Ein Vorteil dieser Mischung war, dass sie massenhaft von „ungelernten Arbeitern“ produziert wurde – als Urin. Um ihren begehrten Reinigungsstoff einzusammeln, stellten die Tuchwalker an den Straßenecken große Behälter auf. Der Inhalt dieser Sammelbehälter wurde dann in spezielle Zuber gegossen, in denen die zu säubernden Kleidungsstücke lagen. Danach musste der Walker nur noch den Urin mit nackten Füßen in den Stoff „einwalken“. Danach wurde der Stoff gespült, ausgewrungen und dann noch einmal mit Schwefeldampf gebleicht. Am Schluss wurde er mit Walkerde – noch heute ein Bestandteil von Katzenstreu – gescheuert, um die letzten Unreinheiten zu entfernen.

Römische Tuchwalker bei der Arbeit

FRAUENBERUFE IM ANTIKEN GRIECHENLAND

Bäckerin	Apothekerin	Wäscherin
Fischhändlerin	Tänzerin	Marktstandbesitzerin
Priesterin	Hexe	Amme
Näherin	*Hetaira*	Badehausbetreiberin
Musikerin	Prostituierte	Marketenderin
Weberin	Gastwirtin	

Spinnende und webende Griechinnen

RELIGION

Wir haben bereits in Kapitel III gesehen, dass die Religion in der Antike eine größere Bandbreite von Aufgaben und Betätigungsmöglichkeiten bot, als in den modernen Religionen. Es folgen einige im weitesten Sinne religiöse Funktionen, um die wir Menschen des 21. Jahrhunderts uns gar nicht erst zu bewerben brauchen.

Insignien des Pontifex-Amtes

KANEPHORE

Diese angesehene Arbeit war zwar unbezahlt, erforderte jedoch im Allgemeinen nicht viel Zeitaufwand und war nicht sehr anstrengend. Die Kanephore war nämlich die Repräsentantin ihrer Stadt bei großen religiösen Festen. So führte zum Beispiel die Kanephore bei den Großen Panathenäen in Athen die Prozession aller Bürger zum Altar der Athene, der Schutzgöttin der Stadt, an. Dabei trug sie einen Korb voller Früchte auf dem Kopf (das Wort Kanephore bedeutet „Korbträgerin"). Wenn die Feier mit einem Tieropfer endete, trug sie die Girlanden, mit denen die Opfertiere geschmückt wurden. Nur Jungfrauen von absolut untadeligem Ruf kamen für diese Aufgabe in Betracht.

EINIGE RÖMISCHE PRIESTERÄMTER

Pontifices: Sie beaufsichtigten die Staatskulte und den Kalender. Der *Pontifex Maximus* war im Prinzip der oberste Priester von Rom.

Flamines: Jeder wichtige Gott hatte einen *Flamen*, der ganz allein für seine Verehrung zuständig war. Der *Flamen Dialis* war ein hohes, uraltes Priesteramt, das von vielen Tabus umgeben war (vgl. S. 55).

Libitinarii: Sie dienten der düsteren Göttin Libitina und befassten sich deshalb mit dem Tod und den Begräbnisriten. Später trugen alle römischen Bestattungsunternehmer diesen Namen.

Salii: ein weiteres uraltes Priesterkollegium, für Rituale in Kriegszeiten zuständig

Auguren: Sie beobachteten den Vogelflug und die Bewegung „vierfüßiger Tiere", um die göttlichen Absichten zu erkennen.

Haruspices: Sie untersuchten die Eingeweide von Vögeln und anderen Opfertieren, um die göttlichen Absichten zu erkennen.

Fratres Arvales: segneten die Felder und überwachten deren Grenzen

Korybanten: Priester der Göttin Kybele, die aus Phrygien in Kleinasien stammten und kastriert sein mussten

Vestalinnen: Sie dienten Vesta, der Göttin des Herdfeuers. Wenn ihre Dienstzeit endete, durften sie heiraten. Wenn sie jedoch als Priesterin ihre Jungfräulichkeit verloren, wurden sie lebendig begraben.

Hundekreuziger

Der grausige römische Brauch, Hunde zu kreuzigen, geht auf das frühe 4. Jahrhundert v. Chr. zurück, als nach der Überlieferung die Gallier den römischen Kapitolshügel hinaufschlichen, nachdem sie bereits die gesamte übrige Stadt erobert und geplündert hatten. Jedoch schliefen die römischen Wachhunde tief und fest. Stattdessen schlugen die heiligen Gänse der Göttin Juno Alarm. Die Göttin war seitdem als Juno Moneta – „Juno, die Warnerin/Mahnerin" – bekannt. Als dann unter ihrem Patronat die ersten römischen Münzen geprägt wurden, bekamen diese den Namen „Moneta", wovon sich auch „money" und „Münze" ableiten.

Seit dieser Zeit hielten die Römer alljährlich eine makabre Prozession ab, die Plutarch in seinem Werk „Über das Glück der Römer" beschreibt: „Noch jetzt trägt man zur Erinnerung an jenes Ereignis in einem festlichen Aufzug einen gekreuzigten Hund herum und eine Gans, die gar stattlich auf einem kostbaren Kissen ruht." Irgendeine gefühllose Person hatte also zuvor die Aufgabe übernommen, diesen bedauernswerten römischen Wachhund ans Kreuz zu nageln.

Phallushersteller

In einer Welt, in der Dürren und Hungersnöte regelmäßig auftraten, war Fruchtbarkeit äußerst wichtig. Der Bauer trachtete danach, seine Herden zu vergrößern, und der Familienvater wollte möglichst viele Kinder in die Welt setzen, die ihn im Alter unterstützen konnten. Und gibt es ein besseres Symbol für das Blühen und Gedeihen des Lebens als ein Phallus? Folglich waren auch überall im antiken Athen Phallusdarstellungen zu finden und wurden bei Prozessionen immer wieder mitgeführt und geschwungen. Einige waren so groß, dass sie nur von zwei starken Männern getragen werden konnten. Glücklicherweise erlaubte es die einfache Zylinderform des Objekts den Herstellern, Materialien zu verwenden, die leicht genug waren, um länger getragen werden zu können, die aber gleichzeitig stabil genug waren, um nicht plötzlich in sich zusammenzufallen, was dem Sinn dieses Symbols sicherlich widersprochen hätte …

Ahnendarsteller

Ein eifersüchtig gehütetes Vorrecht des römischen Adels war das *ius imaginum* – das Recht, Wachsmasken von Vorfahren zu tragen. Diese Masken waren deswegen äußerst realistisch, weil die Gussform der echten Person noch auf dem Totenbett abgenommen wurde. Jedem Toten aus den alten Adelsgeschlechtern richtete seine Familie eine Begräbnisfeier aus, die seinem und damit ihrem Status angemessen war. An diesem Begräbniszug nahmen dann auch dessen „Ahnen“ teil, die von Schauspielern dargestellt wurden, die die Masken dieser Vorfahren trugen. Auf diese Weise zeigte die Länge dieses Trauerzugs der verblichenen Ahnen das Alter des jeweiligen Geschlechts an. Iulius Caesars Familie führte ihre Abstammung sogar auf die Göttin Venus zurück. Allerdings war die Authentizität der Masken der allerältesten Familienmitglieder wohl höchst zweifelhaft.

IX

Kriminalgeschichten

Polizisten waren in der Antike unbekannt. Damals war es Aufgabe der Obrigkeit, für Ordnung zu sorgen, und Aufgabe des gewöhnlichen Bürgers, Verbrechen zu vermeiden und zu verhindern. Ein Dieb, dem man dann den Prozess machte, konnte von seinen Richtern kaum Milde erwarten. Schlimme Körperstrafen waren an der Tagesordnung. Immer drohten die Schlinge und das Kreuz.

Eine Art der Züchtigung im alten Rom

Der grösste Goldraub aller Zeiten

Die Gallier überfielen einst die Schatzhäuser der griechischen Staaten im Heiligtum von Delphi. Ein Teil des dabei erbeuteten Goldes gelangte angeblich in die Stadt Tolosa, das moderne Toulouse. Als Raub an den Göttern sei es verflucht gewesen. Unabhängig von der Wahrheit dieser Geschichte, war Tolosa auf jeden Fall eines der religiösen Zentren Galliens und fabelhaft reich. So reich, dass sich Quintus Servilius Caepio, der im Jahr 106 v. Chr. eigentlich den Einfall eines germanischen Heeres aufhalten sollte, die Zeit nahm, Tolosa zu erobern und dessen Schatz zu erbeuten. Dieser sollte dann unter Bewachung nach Rom geschafft werden. Unterwegs ging er jedoch verloren. Die 210 000 Pfund Gold und Silber hätten auf dem heutigen Markt etwa einen Wert von 43 Milliarden Euro. Viele glaubten damals, dass Servilius Caepio selbst hinter dem Raub steckte.

Nachdem er Tolosa erobert hatte, holte der Prokonsul Caepio 100 000 Pfund Gold und 110 000 Pfund Silber aus dem Apollotempel. Diesen Schatz schickte er mit Schutzmannschaften nach Massilia [Marseille], einer mit dem römischen Volk befreundeten Stadt. Er soll dann angeblich auf verbrecherische Weise alles an sich gebracht haben. Aus diesem Grund gab es in Rom danach auch eine große gerichtliche Untersuchung.

PAULUS OROSIUS, *HISTORIARUM ADVERSUM PAGANOS*, 5,15

NICHT SCHULDIG

Diejenigen, die unrecht tun, glauben jedoch nicht, dass sie damit einen Fehler begehen. Vielmehr sind manche sogar der Ansicht, dass sie recht tun.

PLUTARCH, *OB DIE LEIDEN DER SEELE SCHLIMMER SIND ALS DIE DES KÖRPERS*, 3

Die Giftmischerin Cornelia

Das antike Rom war ein ziemlich ungesunder Ort. Deshalb war es auch nicht ungewöhnlich, dass einzelne Menschen plötzlich aus unerklärlichen Gründen krank wurden und starben. Im Jahr 331 v. Chr. schien Rom jedoch mit einem regelrechten Fluch belegt, als viele wohlhabende und einflussreiche Personen eine besonders tödliche Krankheit ergriff. Schließlich enthüllte eine Magd, was hier tatsächlich vor sich ging. Sie führte den Konsul zu einigen Damen aus patrizischen Geschlechtern, die gerade äußerst verdächtig aussehende Tränke zubereiteten. Am Ende wurden 20 Damen zum Forum gebracht, um sich einer Untersuchung zu stellen. Ihre Anführerinnen, die Adligen Cornelia und Sergia (die Vorfahrinnen des Scipio Africanus bzw. des Verschwörers Catilina), behaupteten, es handle sich dabei nur um gesunde Kräutertränke.

Als man sie aufforderte, die heilsame Wirkung ihres Gebräus dadurch zu beweisen, dass sie es selbst trinken, stimmten sie sofort zu und stürzten es hinunter. Kurz darauf waren sie tot.

Livius erzählt die Geschichte in seinen *Historien* (8,18). Seiner Meinung nach waren diese Damen offensichtlich geistesgestört. Angesichts der Rivalität zwischen den einzelnen Adelsfamilien erscheint es jedoch wahrscheinlicher, dass die Frauen auf diese Weise die Reihen der Konkurrenten um höhere Ämter lichten wollten.

DAS MÄDCHEN UND DAS PFERD

Angeblich war einmal ein Athener namens Hippomenes der Meinung, dass seine Tochter, ein hübsches Mädchen namens Leimone, unkeusch gewesen sei. Er sperrte sie zusammen mit einem Pferd in ein Haus ein. Schließlich war das arme Tier in seinem Hunger gezwungen, das Mädchen aufzufressen. Ihr Tod war so bizarr und grausam, dass man das Gebäude noch Generationen später „Zum Mädchen und dem Pferd“ nannte.

EINE WANDINSCHRIFT AUS POMPEJI

In der Nähe des Eingangs zum Haus des Pascius Hermes: *Du, der du hierher kackst, dich treffe mein Fluch! Wenn du runterschaust und dies siehst, möge Jupiter dein Feind sein!*

CIL 64 UND 7716

Der Schierling

Eine tödliche Pflanze

Wenn man im alten Athen zum Tode verurteilt wurde, war eine Hinrichtungsmethode das Austrinken eines Schierlingsbechers, wie es unter anderen auch Sokrates tun musste. (Nicht jeder genoss jedoch dieses Privileg; einige Verurteilte wurden erdrosselt.) Das Gift stammte vom im Aussehen dem Fenchel ähnelnden Gefleckten Schierling (*Conium maculatum*).

Die *Maculae* sind die rosa „Flecken" auf dem unteren Teil des Stängels. Die frischen Blätter und vor allem die Samen enthalten ein tödliches Nervengift namens Coniin.

Als Neurotoxin wirkt der Schierling durch eine langsam von den Füßen aufsteigende Lähmung des Rückenmarks, die schließlich zu einer vollständigen Atemlähmung führt, durch die Hirn und Herz keinen Sauerstoff mehr bekommen und der Tod eintritt. Da der Schierling im Frühling am wirksamsten ist und die Giftwirkung stark nachlässt, wenn die Pflanze austrocknet oder abstirbt, verlangte der offizielle Henker für Hinrichtungen außerhalb der Saison eine weit höhere Gebühr.

Die griechischen Ärzte benutzten kleine Schierlingsdosen als Mittel gegen Arthritis. Allerdings musste die Menge ganz genau stimmen. Die meisten Patienten zogen es deshalb vor, ihre Schmerzen weiter zu ertragen, anstatt bei einer falschen Dosierung den vorzeitigen Tod zu riskieren.

Ein Gerichtsbesuch mit Aulus Gellius

Euathlus, der sich zum Anwalt ausbilden lassen wollte, erklärte sich bereit, seinem Lehrmeister, dem Philosophen Protagoras, an dem Tag eine ganz bestimmte Geldsumme zu zahlen, an dem er seinen ersten Prozess gewinnen würde. Euathlus versuchte daraufhin, diese Zahlung zu vermeiden, indem er niemals vor Gericht erschien. Schließlich reichte Protagoras eine Klage gegen ihn ein, ihm das Geld endlich auszuzahlen. „Du hast jetzt ein Problem", erklärte der Philosoph seinem Schüler. „Wenn du diesen Prozess verlierst, wird dich das Gericht anweisen, mir endlich das Schulgeld zu erstatten. Solltest du jedoch wider Erwarten Recht bekommen, hast du deinen ersten Prozess gewonnen und schuldest mir die Zahlung gemäß unserer Abmachung." AULUS GELLIUS, *ATTISCHE NÄCHTE,* V, 3

Der Spartaner Chilo musste einmal zusammen mit zwei Kollegen bei einem Prozess über das Leben eines engen Freundes entscheiden. Chilo musste sich also darüber klar werden, ob er seinen Freund, von dessen Schuld er überzeugt war, oder seine lebenslange Achtung vor dem Recht opfern sollte. Nach langen Überlegungen gelang ihm die Quadratur des Kreises, indem er selbst für die Verurteilung stimmte, seine beiden Mitrichter jedoch dazu überredete, seinen Freund freizusprechen.
AULUS GELLIUS, *ATTISCHE NÄCHTE,* I, 3

Ein tödlicher Vertragsbruch

Im Jahr 71 v. Chr. war Spartacus, der Anführer eines Sklavenaufstandes, von den römischen Legionen nach Kalabrien abgedrängt worden. Dennoch glaubte der ehemalige Gladiator einen Ausweg gefunden zu haben: Jenseits der Straße von Messina lag Sizilien, eine Insel mit einer langen Geschichte von Sklavenaufständen. Sicherlich würde sich den Aufständischen dort eine Menge sizilianischer Sklaven anschließen. Glücklicherweise operierte in diesem Gebiet eine kleine Piratenflotte, die sich bereit erklärte, ihm zu helfen.

Nachdem jedoch die Seeräuber Spartacus' Geld erhalten hatten, segelten sie davon, ohne auch nur einen einzigen Aufständischen an Bord genommen zu haben. Möglicherweise hatte sie der römische Befehlshaber Crassus dafür bezahlt. Spartacus konnte sich zwar noch einmal aus dieser Falle befreien, wurde kurz darauf aber erneut in die Enge getrieben und fiel in der anschließenden Schlacht.

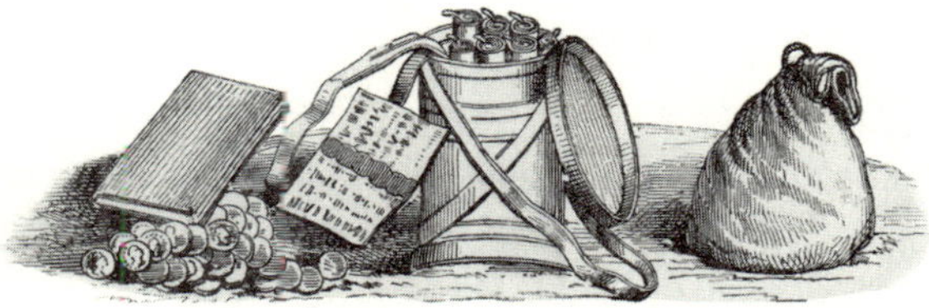

Geschäftsbücher, Geldsäcke und ein Gefäß voller Rechnungstäfelchen

DAS SCHULDRECHT DER RÖMISCHEN FRÜHZEIT

1 Wenn ein Mann gerichtlich zum Schuldner erklärt wird, hat er 30 Tage Zeit, die Schuld zu begleichen.

2 Wenn nach diesen 30 Tagen niemand für den Schuldner einsteht, darf der Gläubiger ihn zu sich nach Hause nehmen und in Ketten legen.

3 Das Gewicht der Ketten soll 15 Pfund sein, jedoch nicht schwerer, aber leichter, wenn dies der Gläubiger wünscht.

4 Der gefangene Schuldner kann sich sein eigenes Essen besorgen. Wenn nicht, muss ihm der Schuldner täglich wenigstens ein Pfund Mehl geben.

5 Am dritten Markttag wird der Körper des Schuldners zwischen seinen Gläubigern aufgeteilt. Wenn ein Gläubiger sich mehr als seinen Anteil an der Schuld aus ihm herausschneidet, soll dies nicht als Verbrechen gelten.

Tafel III des römischen Zwölftafelgesetzes

DIE ZEHN BEDEUTENDSTEN DIEBSTÄHLE DER GRIECHISCHEN MYTHOLOGIE

10 Pelops stiehlt aus dem Olymp die Götterspeise Ambrosia. Pelops war ein Sterblicher, der seine Stellung als Mundschenk der Götter missbrauchte, um diesen Diebstahl zu vollführen.

9 Hades stiehlt die Rüstung des Kronos. Kronos führte einen Krieg gegen seine Kinder, wurde jedoch von diesen besiegt, nachdem ihm sein Sohn Hades mithilfe eines Tarnhelms die Waffen gestohlen hatte.

8 Der Raub der goldenen Äpfel der Hesperiden durch Herakles. König Eurystheus hatte ihm diese Aufgabe in der Hoffnung übertragen, dass das Ungeheuer, das die Äpfel bewachte, ihn töten würde.

7 Der Diebstahl der Rinder des Apollon durch Hermes. Gott Hermes war bei diesem Raub noch ein kleines Kind. Apollon bekam später seine Rinder im Tausch für die Leier zurück, die Hermes erfunden hatte.

6 Odysseus und Diomedes rauben die Rosse des Königs Rhesos und das Palladion (ein hölzernes Standbild der Athene). Es hieß, Troja werde nicht fallen, solange die Stadt im Besitz des Palladions sei und die Rosse des Rhesos aus dem trojanischen Fluss Skamandros trinken würden.

Jason und das Goldene Vlies

5 Der Raub der Kerynitischen Hirschkuh der Artemis – wieder durch Herakles. In der Annahme, einer Göttin könnte gelingen, woran das Ungeheuer gescheitert war, Herakles zu töten, bekam dieser jetzt den Auftrag, die Hindin der Artemis zu rauben.

4 Der Diebstahl des Goldenen Vlieses durch Jason und die Argonauten. Um sein Königreich zurückzubekommen, musste Jason das Goldene Vlies aus einem heiligen Hain stehlen, der von einem Drachen bewacht wurde. Dies gelang mithilfe der zauberkundigen Medea.

3 Hermes stiehlt Argus die in eine Kuh verwandelte Io. Hermes musste dem hundertäugigen Argus eine Kuh stehlen, die in Wirklichkeit eine Nymphe war, die Hera, die Frau des Zeus, aus Eifersucht verwandelt hatte. Als Hermes Argus getötet hatte, schmückte Hera mit seinen hundert Augen das Federkleid des Pfaus.

2 Die Entführung der Helena durch Paris. In der Moderne würden wir es vielleicht Kidnapping oder sogar Durchbrennen nennen. Im antiken Griechenland galt es als Frauenraub.

1 Prometheus stiehlt das Feuer aus dem Himmel. Dieser Diebstahl führte die Menschheit aus der Wildheit in die Zivilisation. Der menschenfreundliche Titan Prometheus musste dies jedoch schrecklich büßen, als die Götter seine Tat entdeckten.

Die Entführung der Helena

Tod in der Familie

Nero war der letzte julisch-claudische Kaiser Roms. Dies war nicht unbedingt eine Überraschung, da sich Nero an der Auslöschung seiner eigenen Familie eifrig beteiligte. Er war für den Tod seiner Mutter, zweier seiner Ehefrauen, seines Stiefbruders und seines eigenen ungeborenen Kindes verantwortlich. Wahrscheinlich hatte er auch bei der Vergiftung seines Adoptivvaters Claudius die Hand im Spiel.

Als Ersten erwischte es also Claudius, der fast sicher von Neros Mutter mit dem Wissen ihres Sohnes vergiftet wurde. Als die Mutter jedoch seinen Stiefbruder Britannicus vorzuziehen schien, ließ Nero den jungen Mann bei einem Bankett vergiften. (Später behauptete er, Britannicus sei an einem epileptischen Anfall gestorben. Während des Begräbnisses begann es jedoch zu regnen. Dadurch wurde die Schminke abgewaschen, mit der man die charakteristische bläuliche Hautverfärbung hatte verbergen wollen, die das Gift hervorrief.)

Als Nächstes wurde Neros Mutter Agrippina von Soldaten umgebracht. Von seiner Frau Octavia, die er aus politischen Gründen geheiratet hatte, ließ sich Nero zuerst scheiden. Später verbannte er sie. Schließlich ließ er sie unter dem Vorwand des Ehebruchs hinrichten. Seine nächste Frau Poppaea trat Nero zu Tode, als sie sich beschwerte, dass er so spät von einem Rennen heimgekehrt war. Dabei kam auch sein ungeborenes Kind ums Leben. Als sich Antonia, ein weiteres Mitglied der julisch-claudischen Familie, aus verständlichen Gründen weigerte, seine nächste Frau zu werden, ließ er sie wegen Hochverrats hinrichten. Als dann seine Verschwendungssucht Rom zu ruinieren drohte, ließ Nero laut Sueton seine Tante ermorden, um deren Vermögen zu erben.

Der junge Nero und seine Mutter Agrippina

Parthische Familienbande

Wenn die Römer meinten, ihre julisch-claudische Kaiserfamilie benehme sich schlecht, hätten sie ihren Blick einmal nach Osten auf das mit Rom rivalisierende Königreich Parthien werfen sollen. Dort hätten sie dann ein wirklich nettes Herrschergeschlecht kennengelernt.

- 57 v. Chr.: Phraates III. wird von seinen Söhnen Mithridates III. und Orodes II. ermordet.
- 55 v. Chr.: Orodes tötet Mithridates.
- 37 v. Chr.: Phraates IV. gelangt an die Macht, nachdem er seinen Vater Orodes und 30 weitere Söhne des Orodes umgebracht hat.
- 2 v. Chr.: Phraates IV. wird von seiner Frau und seinem Sohn Phraates V. ermordet.
- 2/4 n. Chr.: Phraates V. wird bei einem Aufstand getötet.

Königliche Rache

Astyages, König der Meder, war über seinen Höfling Harpagos dermaßen erzürnt, dass er eine besonders grausame Bestrafung ersann:

Als des Harpagos Sohn am Hof eintraf, ließ ihm Astyages die Kehle durchschneiden, ihn in Stücke hacken und sein Fleisch danach teils braten, teils kochen. Als dann alles gar war, ließ er anrichten. Als die Essenszeit herankam und Harpagos und die restlichen Gäste eingetroffen waren, wurde Astyages und den anderen Gästen Hammel aufgetragen. Dem Harpagos setzte man dagegen das Fleisch seines Sohnes vor, allerdings ohne dessen Kopf, Hände und Füße, die man zuvor in einen Korb gelegt und zugedeckt hatte. Als sich Harpagos satt gegessen hatte, fragte ihn Astyages, wie es ihm geschmeckt habe.
Als Harpagos antwortete, es sei vortrefflich gewesen, brachten Diener … den zugedeckten Korb … und forderten ihn auf, noch einmal kräftig zuzulangen. Als Harpagos den Korb aufdeckte, erblickte er die Überreste seines Sohnes. HERODOT, *HISTORIEN*, I,119

VIER ANTIKE KRIMINALFÄLLE

WORAN STARB GERMANICUS?

Caesar Germanicus war ein charismatischer Heerführer, ein liebevoller Ehemann und der Erbe des Kaiserthrons. Seine Familie und er waren die Superstars ihrer Zeit, Idole von Millionen. Als er einmal die östlichen Gebiete des Reiches bereiste, wurde er plötzlich krank und starb. Auf dem Totenbett erzählte Germanicus seinen Freunden, er sei von Piso und Plancina, dem Statthalter von Syrien und seiner Frau, vergiftet worden, mit denen er seit einiger Zeit im Streit lag. Tacitus, ein erfahrener Rechtsanwalt, untersuchte später den Fall, bezweifelte jedoch, dass es genug Indizien gab, um einen Vergiftungsfall sicher festzustellen (*Annalen*, 2,73). Agrippina die Ältere, die Witwe des Toten, war jedoch fest davon überzeugt, dass ihr Mann aufgrund der Eifersucht des Kaisers Tiberius vergiftet worden sei. Etliche moderne Forscher gehen von einem Krankheitstod aus. Vor allem Malaria wird hier genannt – immerhin kam Germanicus gerade aus Ägypten zurück. Trotzdem wird der Fall wohl für immer ungelöst bleiben.

Münze mit dem Bildnis des Germanicus

SEX IN ATHEN

Ein Mann, der in Athen mit einer Bürgerin der Stadt schlief, mit der er nicht verheiratet war, konnte zum Tod verurteilt werden.

Warum wurden die Hermen verstümmelt?

Hermen waren eine zutiefst verehrte athenische Einrichtung. Es handelte sich dabei um viereckige Steinblöcke oder Pfeilerschäfte mit einem aufgesetzten bärtigen Kopf. In der Mitte des Pfeilers befand sich oft die Darstellung eines beeindruckenden erigierten Penis. Diese Hermen fanden sich in großer Zahl an den Wegrändern in ganz Attika. Sie galten als Glücksbringer und sorgten für eine gefahrlose Reise, glückliche Begegnungen und einträgliche Geschäfte. Gerade als sich Athen im Jahre 415 v. Chr. auf das gefährliche Abenteuer einer Invasion Siziliens vorbereitete, wurden in einer einzigen Nacht fast allen Hermen die Köpfe abgeschlagen oder verstümmelt. Dieser Akt gewaltsamer Gotteslästerung entsetzte die Athener und zerstörte die Karriere eines der Verdächtigen, des Feldherrn Alkibiades, einer schillernden Persönlichkeit. Obwohl das Zerstörungswerk eine beträchtliche Organisation erfordert haben muss, wurden die Übeltäter niemals gefunden, und ihre Motive blieben unbekannt.

Wer setzte Rom in Brand?

Im Jahr 64 n. Chr. brach in der Nähe des Circus Maximus ein Feuer aus. Angefacht von starken Winden, fraß es sich durch das dicht bebaute Viertel am Fuße des Esquilins und dehnte sich dann über 11 der 14 Verwaltungsbezirke der Stadt aus. Es dauerte fast eine Woche, bis der Brand endgültig gelöscht war. Danach begann sofort die Suche nach Sündenböcken.

Die ersten und wichtigsten Verdächtigen waren die Angehörigen einer chiliastischen jüdischen Sekte, die glaubten, das Ende der Welt stehe unmittelbar bevor, und die es vielleicht etwas beschleunigen wollten. Kaiser Nero befahl sofort, diese „wegen ihrer Verbrechen verhassten Leute zu verhaften, die das Volk Christen nennt“ (Tacitus), und zu töten. Nero war schon deshalb eifrig darum bemüht, die ganze Schuld diesen Christen zuzuschieben, weil in der Stadt das Gerücht umlief, er selbst habe das Feuer legen lassen, um auf der freien Fläche ein schöneres, edleres Rom errichten zu können.

Moderne Historiker halten das Feuer eher für einen Unfall. Tacitus, der den Brand als kleiner Junge erlebt hatte, berichtet jedoch, Augenzeugen hätten Brandstifter beobachtet. Bestimmt waren nicht alle Angehörigen der großen jüdischen Gemeinde Roms der Meinung, man müsse seinem Feind auch noch die andere Wange hinhalten. Es gab unter ihnen sicherlich auch radikale Kräfte, die sich an der „Hure Babylon" auf jede erdenkliche Weise rächen wollten.

Drakon

Im Jahr 620 v. Chr. entschieden die Athener, sich eine Gesetzessammlung zu geben. Sie beauftragten damit einen Adligen namens Drakon, der nach Auflistung der unterschiedlichen Vergehen entschied, dass jedes von ihnen mit dem Tod bestraft werden müsse. Als man ihn fragte, ob dies nicht übertrieben sei, soll Drakon geantwortet haben, dass er den Tod für die geringen Verbrechen für angebracht halte, ihm jedoch für die großen Verbrechen keine schwereren Strafen zur Verfügung stünden. Drakons Gesetze wurden bald durch andere ersetzt, das Wort „drakonisch" für äußerst harte staatliche Sanktionen hat bis heute überlebt.

Die Kreuzigung

Die Griechen handelten nach dem Prinzip, dass man die Todesstrafe brauche, um gewisse Personen aus der eigenen Gesellschaft zu entfernen. Demgegenüber glaubten die Römer, dass Verbrecher möglichst grausam zu Tode gebracht werden müssten, um andere abzuschrecken. Aus diesem Grund war in allen römischen Provinzen die Kreuzigung als Hinrichtungsart gebräuchlich.

Da der anschließende langsame Todeskampf tagelang dauern konnte, wurden Wachen aufgestellt, um sicherzustellen, dass niemand einen Rettungsversuch unternahm. Diese Wachen verkürzten oft den Prozess, allerdings weniger aus Mitleid, sondern weil sie endlich abziehen wollten. Dazu brachen sie dem Opfer gewöhnlich die Beine. Am Ende überprüften sie durch einen Lanzenstich, ob der Gekreuzigte wirklich tot war. Die bei einer Kreuzigung verwendeten Nägel hatten danach beträchtlichen Wert als magische Amulette.

Was geschah mit Antinoos?

Antinoos, der bildschöne, junge Liebhaber Kaiser Hadrians, kam ums Leben, als die beiden in Ägypten im Urlaub waren. Er ertrank unter recht eigentümlichen Umständen im Nil. Zum Ersten war der Fluss an dieser Stelle reißend und gefährlich. Dies war kein Ort, an den man zum Baden gegangen wäre. Zum Zweiten beschrieb Kaiser Hadrian selbst den Vorfall mit einem griechischen Wort, das sowohl „er fiel“ als auch „er wurde gestoßen“ bedeuten kann. Wurde Antinoos während eines Beziehungsstreits getötet? Er wusste, dass Hadrian sich zu Jungen hingezogen fühlte. Brachte er sich vielleicht um, weil er befürchtete, mit 18 Jahren die Liebe des Kaisers zu verlieren? Oder opferte er sich bewusst (nach dem Vorbild vieler Ägypter) dem Nil? Ein solcher Tod galt als heilig und würde das Leben Hadrians, für den er sich geopfert hatte, verlängern.

Ein Standbild des Antinoos

Elternmord

In Rom wurde für Elternmord eine ganz besondere Strafe verhängt: Der Verurteilte wurde zusammen mit einer Schlange, einem Hahn, einem Hund und einem Affen in einen Sack eingenäht. Die vier unglücklichen Tiere verkörperten die Laster, die diesem Verbrechen zugrunde lagen. Nachdem man auf den Sack eingeprügelt hatte, wurde er in den Tiber geworfen.

Ein römischer Raubüberfall

Es war eine der dekadenten Freuden Neros, sich in Sklavenkleidung des Nachts mit einem Haufen wilder Kumpane auf den Straßen Roms herumzutreiben und unschuldige Bürger zu überfallen und auszurauben. Dabei geriet er einmal mit dem Senator Iulius Montanus an den Falschen. Dieser verteidigte sich nach allen Regeln der Kunst, bis er bemerkte, dass er gerade dabei war, seinen Kaiser zu verprügeln. Nero verurteilte ihn danach trotz seiner Entschuldigung zum Tode, weil er den Kaiser beleidigt habe. Danach nahm Nero zu seinen nächtlichen Raufereien eine Gruppe Gladiatoren mit, die eingreifen mussten, wenn er einen weiteren Kampf zu verlieren drohte.
TACITUS, *ANNALEN*, 13, 25

ENTSETZLICHE BESTRAFUNG IM COLOSSEUM

Ihr könnt jetzt glauben, dass sich einst
Pasiphaë mit einem Stier aus Kreta paarte:
Wir sahen es in der Arena.
Die alte Fabel wurde glaubhaft.

MARTIAL, *BUCH DER SCHAUSPIELE*, 5

In Apuleius' Der goldene Esel *muss der Held Lucius, der durch Zauberei in einen Esel verwandelt wurde, einen Giftmischer in der Arena auf ähnliche Weise bestrafen.*

RÖMISCHER STRAFVOLLZUG

Hinrichtungsarten:

Erdrosseln

Enthaupten

Kreuzigen

Ertränken

Vom Tarpejischen Felsen herabstürzen

(Die Leichname der im Mamertinischen Kerker Hingerichteten wurden zuerst auf der Gemonischen Treppe ausgestellt und schließlich an einem Haken zum Tiber geschleift und hineingeworfen.)

Hinrichtungsarten in der Arena:

ad bestias
(den wilden Tieren vorwerfen)

Noxii: Der Verurteilte wird von einem Mitgefangenen in der Arena getötet, der seinerseits von einem anderen Verurteilten getötet wird, und so weiter.

Schauspielaufführungen: Der Verurteilte spielte die Rolle einer Sagengestalt und zwar deren Ende.

Geringere Strafen:

Geldstrafen

Öffentliches Auspeitschen

Einziehen des Vermögens
Zwangsarbeit im Bergwerk

Überstellung in eine Gladiatorenschule

Relegatio: Der Verurteilte musste künftig an einem genau festgelegten Ort leben.

Ad bestias. *Die den Tieren vorgeworfenen Opfer wurden gewöhnlich an einen Pfahl gebunden, an dem oben eine Tafel mit den Einzelheiten ihres Verbrechens angebracht war.*

NOCH ETWAS SALZ GEFÄLLIG?

Jeder, der sich hier selbst bedienen will, kann gehen und sich sein Getränk im Meer holen.

WARNHINWEIS IN DER TAVERNE DES SALVIUS IN POMPEJI (CIL 3494)

Die Strafe für Vestalische Ex-Jungfrauen

Wenn eine Vestalin ihre Jungfräulichkeit verlor, war das ein fürchterliches Omen für die ganze Stadt. Wenn Rom also etwas Schreckliches zustieß, geriet die Keuschheit dieser Jungfrauen sofort in Verdacht. Wenn eine Vestalin des *Incestums,* worunter die Römer den Bruch eines heiligen Eides verstanden, für schuldig befunden wurde, erwartete sie eine entsetzliche Strafe. Noch lebend wurde die Unglückliche auf ihrer Totenbahre durch die ganze Stadt zu einem unterirdischen Verlies in der Nähe des Collinischen Tors getragen.

In diesem Raum gab es nur eine Lampe, eine Liege mit einer Decke und einen kleinen Vorrat an Speisen und Getränken. Die Ex-Jungfrau würde jedoch diese Kammer nie mehr verlassen. Nach ihrem Eintreten wurde der Zugang zum Verlies versiegelt und mit Erde bedeckt, so als ob das Opfer wortwörtlich vom Erdboden verschluckt worden wäre.

Du rufst nach einer Peitsche, Rufus,
und behauptest, dass dein Kaninchen
nicht ordentlich gebraten wurde.
Lieber würdest du also den Koch zerlegen
als dein Kaninchen.

MARTIAL, *EPIGRAMME,* 3,94

Ein Sklave wird aufgehängt und geschlagen, während Töpfer ihrer Arbeit nachgehen.

Was gibt es zum Essen, Mami?

Eine Ehefrau hasst die Kinder einer Konkubine,
niemand kann dies leugnen oder verbieten.
Dieser Tage ist es doch bereits recht und billig,
den Stiefsohn zu ermorden.
Ich warne euch Mündel [einer Stiefmutter],
die ihr ein größeres Vermögen besitzt,
hütet euer Leben!

Traut keinem einzigen Gericht!
Vom Gift der Mutter glänzt
das tödliche Gebäck.

Lasst jemand zuvor von allem kosten,
was die Mutter euch reicht.
Gebt eurem zitternden Erzieher
von jedem Becher den ersten Schluck.

[…] Ich wünschte nur, ich hätte nicht Recht.
Aber wer erinnert sich nicht an Pontias Rufen:
„Ja, ich hab es getan, ich gestehe die Tat.
Ich vergiftete meine beiden Kinder mit Eisenhut.
Die Untat ward entdeckt, jetzt weiß es jeder.
Mit diesen Händen hab ich's tatsächlich getan."

„Wie, du grausame Natter?
Bei einem einzigen Mahl gleich zwei?"

„O ja, und ich hätte sieben getötet,
wenn es denn sieben gewesen wären."

JUVENAL, *SATIREN*, 6, 627FF.

X

Ein Ende mit Stil

Wir alle müssen diese Erde einmal verlassen.
Es folgen Beispiele von Leuten, die das auf
bemerkenswerte Weise getan haben.

Begräbnismünze des Pertinax

Petronius Arbiter

Petronius erhielt seinen Beinamen, weil er am dekadenten Hof Neros als *arbiter elegantiae,* als „Schiedsrichter des guten Geschmacks", galt. (Er soll auch der Verfasser des satirischen Skandalromans *Satyricon* gewesen sein. Selbst als Petronius im Jahr 66 v. Chr. zum Tode verurteilt wurde, verlor er nicht sein einzigartiges Stilgefühl:

Er hatte keine Eile, sein Leben von sich zu werfen. Stattdessen öffnete er sich die Adern und verband sie wieder, je nachdem es ihm einfiel. Während dieser ganzen Zeit unterhielt er sich mit seinen Freunden. Dabei vermied er alle Themen, die wirkten, als wolle er seinen eigenen Ruhm befördern. Deshalb plauderten sie nie über ernste Dinge … Einige seiner Sklaven erhielten großzügige Geschenke, andere ließ er auspeitschen. Er aß gut und legte sich dann zum Schlafen, denn selbst wenn er jetzt sterben musste, wollte er eine gut aussehende Leiche abgeben.

Selbst in seinem Testament vermied er es, dem Beispiel anderer zu folgen und Nero, Tigellinus oder anderen mächtigen Männern noch auf dem Totenbett zu schmeicheln. Stattdessen führte er ausführlich Neros Orgien und die Namen der daran beteiligten Lustknaben und Dirnen auf und beschrieb die neuen Arten der Unzucht, die der Kaiser erfunden hatte. Danach versiegelte er das Dokument, schickte es Nero und zerbrach seinen Siegelring, damit niemand in seinem Namen Botschaften senden konnte, die andere gefährdeten. TACITUS, *ANNALEN,* 16, 19

REICHE NACHKOMMENSCHAFT, TEIL 1

Die Totenbahre des Quintus Caecilius Metellus Macedonicus wurde von einem amtierenden Prätor getragen. Die anderen drei Sargträger waren ehemalige Konsuln, von denen zwei einen offiziellen Triumph hatten feiern können und einer Zensor gewesen war. Alle vier Söhne des Metellus erreichten die höchsten Ämter.

Arria: Ein leuchtendes Beispiel

Caecina Paetus beteiligte sich 42 n. Chr. an einem Aufstand gegen Kaiser Claudius. Nach dessen Scheitern wurde er als Gefangener nach Rom gebracht. Als Adliger und ehemaliger römischer Konsul durfte er Selbstmord begehen, um die Schande eines öffentlichen Prozesses und einer Hinrichtung zu vermeiden.

Als man seiner Ehefrau Arria verbot, ihn auf dem Schiff, das ihn nach Rom brachte, zu begleiten, folgte sie ihm in einem gemieteten Fischerboot. So konnte sie ihrem Mann in dessen letzten Stunden beistehen. Als die Zeit gekommen war und er zögerte, den letzten Schritt zu vollziehen, ergriff sie die Initiative, nahm den bereitliegenden Dolch und stach ihn sich mit aller Kraft in die Brust. Dann reichte sie ihn an ihren Mann weiter und starb mit den unsterblichen Worten: „Paetus, es tut gar nicht weh."

Leonidas, König von Sparta

Im Jahr 480 v. Chr. überflutete das persische Heer des Großkönigs Xerxes, gierig auf Rache und Eroberung, Griechenland. Der spartanische König Leonidas führte 300 seiner Elitesoldaten zu den Thermopylen, um den dortigen Engpass zwischen Berg und Meer abzusperren. Er wählte dazu nur Männer mit Söhnen aus, da er wusste, dass sie nicht zurückkommen würden, und er keine Familien auslöschen wollte.

Griechischer Hoplit

Es gelang den 300, die Perser eine volle Woche lang aufzuhalten, obwohl sie sich einer etwa zehntausendfachen Übermacht gegenübersahen. Wenn ihre Speere und Schwerter zerbrachen, kämpften sie mit bloßen Händen und Zähnen weiter und gaben ihren Widerstand erst auf, als der letzte Mann gefallen war. Xerxes wusste sehr gut, wie wichtig diese Woche Verzögerung für die Griechen war. Seinen Zorn und Frust ließ er dann am Leichnam des Leonidas aus. Gewöhnlich behandelten die Perser die Besiegten nach deren Tapferkeit. In diesem Fall befahl der wütende Xerxes jedoch, Leonidas' Leiche zu enthaupten und den kopflosen Körper zu kreuzigen. Diese Entweihung wurde später aber durch die Ehrungen mehr als ausgeglichen, mit denen die Griechen Leonidas posthum nach ihrem Sieg überschütteten. Noch heute erinnert an den Thermopylen ein Standbild an seinen unbeugsamen Mut.

ANDERE, DIE BIS ZUM TODE KÄMPFTEN

- die thebanische „Heilige Schar“ bei Chaironeia, 338 v. Chr.
- die jüdischen Aufständischen in Masada, 73 n. Chr.
- die römischen Veteranen gegen die britannische Königin Boudicca in Colchester, 60 n. Chr.
- die 600 Logades („ausgewählte Krieger“) bei Thyrea, 547 v. Chr.; Tod von 299 Spartanern und 298 Argivern

MUT IST WÜRDE UNTER DRUCK

Wir bringen Jupiter dem Befreier ein Trankopfer dar. Schau genau hin, junger Mann! Mögen die Götter verhüten, dass dies ein übles Zeichen für dich sei. Aber du bist in einer Zeit geboren, in der es gut tut, sein Herz durch den Anblick unbeugsamen Mutes zu stählen.

DER STOIKER PUBLIUS CLODIUS THRASEA PAETUS ZU SEINEM HENKER, WÄHREND ER ZUSIEHT, WIE IHM DAS BLUT AUS DEN PULSADERN STRÖMT. TACITUS, *ANNALEN*, 13, 35

Kleopatra: Ein Selbstmord mit Stil

Mit dem Tod Kleopatras VII., der letzten ihres Geschlechts, endete die jahrhundertelange Herrschaft der Ptolemäer in Ägypten. Kleopatra war so intelligent wie anziehend. Mit ihren weiblichen Reizen umgarnte sie zuerst Iulius Caesar und später auf noch spektakulärere Weise Marcus Antonius. Unglücklicherweise war dieser nicht die ideale Wahl, da er gerade einen heftigen Kampf gegen Octavian, Caesars Adoptivsohn, führte.

Nachdem Octavian ihn besiegt hatte, besetzte er Ägypten. Dort hatte er eine längere Unterredung mit Kleopatra, die um den toten Marcus Antonius trauerte. Dabei wurde ihr klar, dass der so kalte wie brillante Octavian mit ihr nur seinen bevorstehenden Triumphzug durch Rom schmücken wollte.

Obwohl Octavian sie streng bewachen ließ, gelang es ihr, eine hochgiftige Natter in einem Korb voller Feigen einschmuggeln zu lassen. „Hier ist er", meinte sie dann ganz ruhig, hielt dem Reptil ihren Arm hin und ließ sich beißen. Da sich Kleopatra und ihre Zofen so lange in ihrem Palast eingeschlossen hatten, wurde Octavian misstrauisch und befahl, die Tür aufzubrechen. Er fand Kleopatra bereits tot vor. Sie lag in vollem Königsornat auf einem goldenen Ruhebett. Eine Zofe namens Charmion, die sich ebenfalls hatte beißen lassen, rückte mit letzter Kraft Kleopatras Diadem zurecht, bevor sie ihr Leben aushauchte. Zuvor fragte Octavian sie noch ärgerlich: „War dies recht getan?" „Ja, so war es recht. Wie es sich gehört für die Nachfahrin so vieler Könige."

REICHE NACHKOMMENSCHAFT, TEIL 2

Die tote Eutychis, eine Frau aus Tralles [Kleinasien], wurde von 20 ihrer Kinder zum Scheiterhaufen geleitet, nachdem sie zuvor insgesamt 30 Kinder geboren hatte.

PLINIUS DER ÄLTERE, *NATURGESCHICHTE*, 7, 34

DER SELBSTMORD KÖNIG KLEOMENES I. VON SPARTA

Nachdem er sich ein Messer beschafft hatte, fing er an, sich damit zu zerfleischen, wobei er mit den Beinen begann und sich dann emporarbeitete. Er zerschnitt sich das Fleisch der Länge nach von den Schienbeinen bis an die Schenkel und von den Schenkeln bis an den Schoß und die Seiten, bis er schließlich zum Bauch gelangte. Als er auch diesen in Streifen schnitt, starb er.

HERODOT, *HISTORIEN*, VI, 75

SELBSTMORDARTEN

In Griechenland und Rom waren verschiedene Formen des Selbstmords gebräuchlich: sich erstechen, sich die Adern öffnen, sich zu Tode hungern, sich ersticken (indem man zum Beispiel Holzkohledämpfe einatmete), den Tod in der Schlacht suchen, Gift nehmen, sich aufhängen. (Letzteres galt jedoch als unmännlich und blieb also gewöhnlich den Frauen überlassen.) In Rom, vor allem aber in Griechenland wurde Selbstmord als ein Akt der Selbstsucht angesehen, zu dem man nur greifen sollte, wenn es keine Alternative gab. Es ist ein weitverbreiteter Mythos, dass man von einem besiegten römischen Feldherrn erwartete, sich in sein Schwert zu stürzen. Tatsächlich sollte er nach Rom zurückkehren, um dort Rechenschaft abzulegen.

Decius Mus: vorbildlicher Opfertod

In der Schlacht von Sentinum 295 v. Chr., in der Römer gegen Gallier, Samniten und etruskische Einheiten kämpften, soll sich der Konsul Publius Decius Mus entschlossen haben, dem Vorbild seines Vaters zu folgen: Nachdem er sich den Göttern der Unterwelt als Opfer geweiht hatte, stürmte er auf die Schlachtreihe der Feinde zu und ging in den sicheren Tod. Diese Selbstaufopferung beflügelte die Römer und demoralisierte ihre Gegner. Beide wussten, dass das Opfer des älteren Decius Mus damals zu einem römischen Sieg geführt hatte. Auch dieses Mal errang Rom einen überwältigenden Triumph.

Das Totenbett

Der Holzstoß war schon aufgebaut mit leicht entzündlichem Papyrus,
die Gattin weinte schon und kaufte schnell noch Zimt und Myrrhe,
es stand schon neben der Grube die Bahre,
und der Bestatter war bereit,
auch hatte mich Numa zum Erben eingesetzt –
und dann wurde er plötzlich wieder gesund.

MARTIAL, *EPIGRAMME*, 10, 97

EINE KURZE RÜCKKEHR INS LEBEN

Der ehemalige Konsul Aviola kam auf dem Scheiterhaufen wieder zur Besinnung. Da man ihm aber wegen der mächtig lodernden Flammen keine Hilfe bringen konnte, verbrannte er bei lebendigem Leib.

PLINIUS DER ÄLTERE, *NATURGESCHICHTE*, 7, 173

Plinius der Ältere und der Vesuv

Plinius der Ältere war ein angesehener Gelehrter. Trotzdem verband er wie viele Römer seiner Zeit sein Leben als Wissenschaftler mit dem eines aktiven Politikers und Soldaten. Einerseits untersuchte er die Eigenschaften von Mineralien und die Sitten und Gebräuche weit entfernter Völker, andererseits war er auch Befehlshaber der römischen Flotte in Misenum.

Als ihn sein Neffe Plinius der Jüngere darauf hinwies, dass vom Vesuv eine riesige Rauchwolke aufstieg, fuhr er mit dem Schiff möglichst nahe an die Stadt heran.

In der Nacht ging er an Land und übernachtete in einem Bauernhaus. Als er und seine Gruppe am nächsten Morgen in Richtung Hafen aufbrachen, banden sie sich zum Schutz gegen die herabfallenden Steine Kissen auf den Kopf. Sie waren aber noch nicht weit gekommen, als Plinius aufgrund der giftigen Dämpfe aus dem Vulkan zusammenbrach. Er bat noch um etwas Wasser und starb kurz darauf.

Vercingetorix akzeptiert seine Niederlage

Keiner bereitete den Römern bei ihrer Eroberung Galliens solch große Schwierigkeiten wie der energische, charismatische gallische Anführer Vercingetorix. Er konnte einige Legionen besiegen, bevor er schließlich doch noch in der Bergfestung Alesia eingekreist wurde.

Ihr Führer während dieses ganzen Krieges war Vercingetorix gewesen. Dieser legte nun seine prächtigste Rüstung an und schmückte sein Pferd. Danach ritt er aus dem Tor der Stadt hinaus. Im römischen Lager ritt er einmal um den in der Mitte thronenden Caesar herum und sprang dann von seinem Pferd. Danach legte er seine Rüstung ab und setzte sich Caesar zu Füßen. Dort wartete er schweigend, bis man ihn abführte, um ihn bis zum Triumph in Haft zu halten.

PLUTARCH, *LEBEN DES CAESAR*, 27

Bei diesem Triumphzug wurde Vercingetorix durch Rom geführt und danach erdrosselt.

Vercingetorix in idealisierter Pose. Statue aus dem 19. Jahrhundert in Alesia.

LEBENSLAUF EINES TYPISCHEN MÄNNLICHEN OBERSCHICHT-ATHENERS

Alter 0–7: wächst zu Hause im Frauenteil des Hauses auf

Alter 7–18: erhält Unterricht durch einen *paidagogos*, einen Erzieher

Alter 18: wird zum Epheben (Jungbürger)

Alter 18–20: erhält eine Ephebenausbildung

Alter 20: wird zum Vollbürger

Alter 30 (etwa): heiratet und wird damit für die meisten athenischen Staatsämter wählbar

Alter 40: wird für alle athenischen Staatsämter wählbar

Alter 50: wird nicht mehr zum Militärdienst an der Front eingezogen

Alter 60: ist von nun an von allen militärischen Pflichten befreit

Alter 60+: friedlicher Ruhestand und Tod

Kleitos der Schwarze: Streit unter Freunden

Alexander der Große sprach immer wieder gern dem Alkohol zu. Auseinandersetzungen im betrunkenen Zustand waren am makedonischen Hof nicht ungewöhnlich. Dies galt auch für die Feldzüge.

Der König hatte beschlossen, dass einer seiner besten Freunde, Kleitos der Schwarze, das Gefolge des Königs verlassen und einen hohen Posten in Baktrien (Afghanistan) übernehmen solle. Kleitos wollte jedoch nicht gehen und teilte dies auch in unmissverständlichen Worten mit. Das Ganze endete in einem Wortgefecht, in dem Kleitos sich zu der Aussage hinreißen ließ, Alexander sei gar nicht der rechtmäßige König der Makedonen und könne im Übrigen seinem Vater Philipp nicht das Wasser reichen. Während sich die Wachen aus dem Streit herauszuhalten versuchten, warf der wütende Alexander Kleitos einen Apfel an den Kopf, während dessen Freunde ihn aus dem Zelt zu ziehen versuchten.

Als Kleitos jedoch postwendend zurückkehrte und seine Schimpfkanonade wieder aufnahm, packte Alexander eine Lanze und rammte sie seinem alten Freund in die Brust. Als dieser tot zusammensank, wurde der König schlagartig nüchtern und bereute seine Tat zutiefst.

Obwohl ein solch tödlicher Ausgang selten war, waren vom Alkohol befeuerte Auseinandersetzungen am makedonischen Hof nicht gerade selten. Tatsächlich sprang viele Jahre früher Philipp II. einmal während eines solchen Wortgefechts von seinem Speisesofa auf, um seinem Sohn Alexander an den Kragen zu gehen. Er war jedoch so betrunken, dass er auf die Nase fiel.

ZUM TOTLACHEN

Im 3. Jahrhundert v. Chr. ärgerte sich der stoische Philosoph Chrysippos einmal, dass sein Esel seine Feigen aufgefressen hatte. Er wies seine Magd an, das Tier unverdünnten Wein saufen zu lassen. Als er den Esel danach herumtorkeln sah, bekam er einen Lachkrampf und lachte sich zu Tode.

DIE DIADOCHEN – NACHFOLGER ALEXANDERS

Alexanders Generäle waren unfähig, das Reich nach seinem Tod friedlich unter sich aufzuteilen. Das Ergebnis war ein komplexes Gewirr von Kriegen, in denen die meisten Protagonisten ein schlimmes Ende nahmen.

Philipp III. Arrhidaios: von Olympias 317 v. Chr. hingerichtet

Perdikkas: von seinen Soldaten etwa 320 v. Chr. umgebracht

Eumenes: wurde 316 v. Chr. kurz nach einer Schlacht gegen Antigonos ermordet

Antigonos I. Monophthalmos: fiel in der Schlacht von Ipsos 301 v. Chr.

Ptolemaios I.: starb 283 v. Chr. mit 84 Jahren friedlich im Bett

Lysimachos: fiel 281 v. Chr. in der Schlacht bei Kurupedion

Seleukos: wurde 281 v. Chr. vom Sohn des Ptolemaios ermordet

Cato der Jüngere – Freiheit oder Tod

In den letzten Tagen der Republik war der römische Senat eine von Ehrgeiz und Gier zerfressene politische Schlangengrube, die von äußerst mächtigen und reichen Männern dominiert wurde. In dieser Umgebung gab es immerhin einen Mann, der verlässlich das Richtige tat. Vielleicht nicht gerade das Beste, Zweckmäßigste oder Vernünftigste, aber bestimmt das, was den strengen Grundsätzen der frühen Republik entsprach.

Er war in vielerlei Hinsicht das Gegenteil des eleganten, charmanten und völlig prinzipienlosen Iulius Caesar. Cato war bereit, für die römische Republik zu sterben. Caesar wollte dagegen die Republik zu seinen Gunsten sterben lassen. Es überrascht deswegen nicht, dass sich die beiden zutiefst verabscheuten. Als seine Partei in Roms Bürgerkrieg von Caesar besiegt wurde, beging Cato lieber Selbstmord, als sich zu ergeben und Caesars herablassende „Gnade" zu erfahren.

> Cato zog das Schwert aus der Scheide und stieß es sich unter der Brust in den Leib. Weil seine verletzte Hand den Stoß nicht mit dem nötigen Nachdruck führen konnte, starb er nicht gleich, sondern fiel im Todeskampf vom Bett und verursachte durch das Umwerfen eines daneben stehenden geometrischen Rechentischs ein starkes Poltern. (…) Dieser Anblick versetzte alle in höchste Bestürzung, der Arzt aber trat herbei und versuchte die Eingeweide, die unverletzt geblieben waren, wieder an ihren Ort zu bringen und die Wunde zuzunähen. Darüber erholte sich Cato etwas. Als er wieder zu sich kam, stieß er den Arzt beiseite, öffnete mit den Händen die Wunde wieder, zerriss die Eingeweide und starb. PLUTARCH, *CATO DER JÜNGERE*, 70

Catos Tochter Porcia war von gleichem Geiste. Sie spornte ihren Mann Brutus an, Caesar zu ermorden. Als Brutus später getötet wurde, versuchten Porcias Freunde alles, sie daran zu hindern, dem Beispiel ihres Vaters zu folgen. Schließlich gelang es ihr, glühende Kohlen aus dem Herd zu holen und diese hinunterzuschlingen, was ihrem Leben ein Ende setzte.

LEBENSERWARTUNG IN GRIECHENLAND UND ROM

Links: *Vasenmalerei. Ein athenischer Junge wird zum Epheben.*
Rechts: *Der Säugling auf dem Altarfragment gehört zur statistisch gefährdetsten antiken Altersgruppe.*

bei der Geburt: 25 Jahre

im Alter von 10: 41 Jahre

im Alter von 20: 54 Jahre

im Alter von 30: 59 Jahre

im Alter von 40: 63 Jahre

im Alter von 50: 67 Jahre

im Alter von 60: 70 Jahre

im Alter von 70: 76 Jahre

Man sieht, dass in der Antike die Lebenserwartung mit zunehmendem Alter stieg. Am häufigsten starben vor allem in den ersten drei Jahren die Jungen an den unterschiedlichsten Krankheiten. Wenn man zu den zwei Prozent gehörte, die das 70. Lebensjahr erreichten, lagen die Gefahren des Militärdiensts und des gebärfähigen Alters lange hinter einem und man konnte uralt werden.

REKORDHALTER

M. Valerius Corvinus: 100 Jahre

Terentia, Frau Ciceros: 103 Jahre

Xenophilos der Musiker: 105 Jahre

Gorgias aus Sizilien: 108 Jahre

Clodia, Frau des Osilius: 115 Jahre

Galeria Copiola, eine Pantomimin, die zum ersten Mal als Kind während des Konsulats des Marius auf der Bühne stand und noch ein Jahrhundert später im Alter von 104 Jahren in Stücken auftrat, die der Gesundheit des Augustus gewidmet waren.

Tarpeia und ihr Felsen

Einer der verrufensten Orte Roms war nach Tarpeia benannt, der Tochter des Spurius Tarpeius, der in den Anfangstagen Roms Kommandant der römischen Hauptfestung auf dem Kapitolshügel war. Anscheinend war Tarpeia sehr materiell veranlagt. Besonders stach ihr wohl der Goldschmuck der Erzfeinde Roms, der Sabiner, ins Auge.

Mitten in der Nacht wollte Tarpeia den Sabinern den Zugang zur Kapitolsburg ermöglichen. Im Gegenzug wollte sie alles haben, was die sabinischen Männer am linken Arm trugen. An diesem Arm trugen die Sabiner aber auch ihre Schilde. Nach begangener Tat häuften sie diese so lange auf die unglückliche Verräterin, bis sie von deren Gewicht erdrückt wurde.

Dies begründete eine Tradition in der römischen Republik. Wer sich des Verrats an Rom schuldig gemacht hatte, wurde auf die Spitze des „Tarpejischen Felsens“ gebracht und von dort lebendig heruntergeworfen.

Ein unbekannter Gegner des Theagenes von Thasos

Theagenes war ein Weltklasseathlet im *Pankration*, einer besonders brutalen Mischung aus Boxen und Ringen. Im Jahr 476 v. Chr. wurde er in dieser Disziplin sogar Olympiasieger. Nach seinem Tod machten ihn die Bürger seiner Heimatstadt durch eine idealisierende Bronzestatue unsterblich.

Ein Lokalrivale des Theagenes, der gegen den großen Sportler zu Lebzeiten keine einzige Runde gewonnen hatte, wollte sich im Nachhinein rächen, indem er die Statue jede Nacht verprügelte. Aber selbst im Tod war Theagenes offensichtlich ein gefährlicher Gegner. Die allnächtliche Prügel lockerte allmählich die Standfestigkeit des Stand-

Griechische Boxer trugen nichts als Lederriemen an den Fäusten.

bilds. Eines Nachts war es so weit: Es stürzte auf den frustrierten Rivalen und erschlug ihn. Theagenes oder vielmehr sein Standbild wurde danach des Mordes angeklagt. Er wurde des äußerst unsportlichen Verhaltens für schuldig befunden. Danach warf man die Statue ins Meer.

Othos Abschiedsrede

Otho, zuvor einer der sittenlosen Höflinge Neros, überraschte alle durch seinen gemäßigten Regierungsstil. Nachdem seine Soldaten bei Cremona besiegt worden waren, entschied er, ein Bürgerkrieg sei ein zu hoher Preis für den Versuch einer Fortsetzung seiner Herrschaft. Tacitus überliefert uns seine Abschiedsrede:

Solche mutigen Männer wie euch weiter der Gefahr auszusetzen, wäre nicht recht. Ich halte dies für einen zu hohen Preis für mein Leben … Das Glück und ich kennen einander gut. Ihr solltet meine Herrschaft jetzt nicht nach ihrer Länge beurteilen, denn es ist weit schwerer für einen Menschen, im Erfolg gemäßigt zu bleiben, wenn er nicht glaubt, ihn lange zu genießen … Lasst dies die Tat sein, anhand derer die Nachwelt Otho beurteilt. Ich begehre weder Rache noch Trost. Vielleicht waren manche länger an der Macht, aber ich werde sicherstellen, dass niemand sie tapferer aufgibt. Ich kann nicht zulassen, dass all diese jungen Römer, all diese noblen Armeen noch einmal sinnlos niedergemetzelt werden und dadurch dem Staat verloren gehen. TACITUS, *HISTORIEN*, 2, 47

Noch in derselben Nacht zog sich Otho mit zwei Dolchen in sein Zelt zurück. Am Morgen darauf fand man ihn mit einer einzigen Stichwunde in der Brust tot auf.

LEBENSLAUF EINER TYPISCHEN RÖMERIN DER OBERSCHICHT

im Alter von (etwa) 5: Beginn des formalen Unterrichts

im Alter von 6: Sie verlobt sich.

im Alter von 14: offizielles Ende der Kindheit

im Alter von 15–17: Sie heiratet.

im Alter von 21–30: Scheidung und Wiederverheiratung. Viele römische Frauen führten in ihrem Leben mehr als eine Ehe.

im Alter von (ungefähr) 40: Sie wird Witwe. Römische Ehemänner waren gewöhnlich 15–20 Jahre älter als ihre Ehefrauen.

im Alter von 40+: Sie führt alle an der Nase herum, die auf einen Teil ihres Erbes spekulieren.

Eine römische Matrone

TOD IM HEILIGTUM

DEMOSTHENES: WER VON DER FEDER LEBT, STIRBT DURCH DIE FEDER

Der athenische Redner Demosthenes führte den Widerstand seiner Heimatstadt gegen die immer weiter wachsende makedonische Macht an. Seine Reden gegen König Philipp II. von Makedonien waren glühende Aufrufe zum Widerstand. Allerdings hatten die Griechen der Militärmaschinerie der Makedonen nichts entgegenzusetzen, und so fiel auch Athen unter deren Herrschaft.

Als Alexander der Große starb, brach in Athen ein Aufstand los, zu dessen Anführern auch Demosthenes gehörte. Die Niederlage der Griechen besiegelte dann jedoch auch Demosthenes' Schicksal. Seine

Verfolger spürten ihn schließlich im Poseidontempel auf Kalauria (Poros) auf, wo er Zuflucht gesucht hatte. Demosthenes erklärte sich bereit, das Heiligtum freiwillig zu verlassen, wenn er einen Abschiedsbrief an seine Familie geschrieben habe. Nachdem er auf das Ende seiner Rohrfeder gebissen hatte, wie er es immer zu tun pflegte, wenn er eine Schrift verfasste, zog er sich sein Gewand über den Kopf und wurde ganz still. Die Soldaten machten sich über sein Schweigen lustig, da sie glaubten, den Redner lähme die Furcht. Tatsächlich wartete Demosthenes die Wirkung des Gifts ab, das er in der hohlen Spitze seiner Rohrfeder für eine solche Gelegenheit verborgen hatte.

Pausanias: Unversehrt sterben lassen

Der Anführer der griechischen Armeen, die den persischen Einfall in Griechenland 479 v. Chr. abwehrten, war ein Spartaner. Einige Zeit nach seinem Sieg berichteten die Ephoren (spartanische Amtsträger), dass Pausanias seine Erfolge in den Kopf gestiegen seien. Die Spartaner entschieden, es sei Zeit für einen Regierungswechsel.

Pausanias floh daraufhin in den nächsten Tempel. Er wusste sehr gut, dass die religiösen Spartaner dieses Heiligtum niemals dadurch entweihen würden, dass sie ihn gewaltsam herausholten. Die Spartaner erwiesen sich jedoch dieser Herausforderung mehr als gewachsen. Sie begannen nämlich, alle Türen und Fenster des Gebäudes zuzumauern. Nach getaner Arbeit warteten sie eine ganze Zeit ab. Als sich zeigte, dass ihr einstiger Regent kurz davor war, an Hunger und Durst zu sterben, wurde die Eingangstür aufgebrochen, um ihn herauszuholen. Vor dem Tempel hauchte er kurz darauf seine Seele aus. Auf diese Weise hatte man es vermieden, den Tempel durch einen Todesfall in seinen Mauern zu entweihen.

Stilicho: Der letzte Befehl gilt

Stilicho

Stilicho war Roms letzter großer Feldherr. Allerdings waren Vertrauen und Verlässlichkeit 408 n.Chr. zu einem seltenen Gut geworden. So glaubte auch Kaiser Honorius, dass Stilicho ihn durch seinen eigenen Sohn ersetzen wolle. Stilicho hätte seine Beliebtheit bei der Armee durchaus dazu benutzen können, einen aussichtsreichen Bürgerkrieg zu beginnen. Allerdings war er richtigerweise der Ansicht, dass Roms letzte Armeen zu wertvoll seien, um sie durch einen Kampf gegeneinander aufzureiben.

Stattdessen nahm Stilicho in einer Kirche Zuflucht. Da tauchte ein Trupp Soldaten plötzlich vor der Kirche auf. Ihr Anführer zeigte Stilicho seinen Befehl, in dem es hieß, er solle den General unbehelligt zum Kaiser geleiten. Vertrauensvoll verließ Stilicho daraufhin die Kirche. Draußen legte ihm der Offizier einen späteren Befehl vor, in dem der erste wiederrufen und die sofortige Hinrichtung Stilichos angeordnet wurde.

Grabinschrift

Animula vagula blandula	Kleine schweifende zärtliche Seele,
hospes comesque corporis	meines Körpers Gast und Gefährtin.
quae nunc abibis in loca	Wohin entschwindest du nun? Dorthin,
pallidula rigida nudula	wo es bleich ist, starr und öd
nec ut soles dabis iocos	und du nicht wie gewohnt mehr scherzen wirst.

KAISER HADRIAN,
GESTORBEN 138 N. CHR.

Ein kaiserlicher Zählappell

Durchschnittlich verlor das Römische Reich in etwas über 500 Jahren alle sechs Jahre einen Kaiser. Manchmal gab es gleichzeitig mehr als einen Amtsinhaber, nur wenige – tatsächlich war es nur einer – gaben den Posten freiwillig auf.

Es folgen die Aussichten, die ein römischer Kaiser bei seiner Thronbesteigung hatte (selbst die eines Gladiators waren etwas besser):

- Wahrscheinlichkeit, von deinen eigenen Soldaten getötet zu werden: 24 Prozent
- Chancen, dass du abgesetzt wirst oder abdanken musst: 12 Prozent
- Wahrscheinlichkeit, an einer Krankheit zu sterben: 11 Prozent
- Aussichten, an Altersschwäche zu sterben: 10 Prozent
- Wahrscheinlichkeit, von einem Familienmitglied oder einem Höfling ermordet zu werden: 8 Prozent
- Möglichkeit, im Kampf zu fallen: 8 Prozent
- Chancen, hingerichtet zu werden (z. B. durch einen Usurpator): 8 Prozent
- Wahrscheinlichkeit, durch einen Selbstmord einem schlimmeren Schicksal zu entkommen: 7 Prozent
- Möglichkeit eines „zufälligen" Tods: 5 Prozent

Auf den nächsten Seiten folgt eine Auflistung individueller Abgänge aus dem gefährlichsten Job der antiken Welt.

Links: *Münze des Galba*
Rechts: *Büste des Trajan*

(F) friedlicher Tod (G) gewaltsamer Tod (A) andere Todesarten (?) Todesart unsicher oder umstritten

DIE JULISCH-CLAUDISCHE DYNASTIE

Mit Ausnahme von Augustus starben alle (oder wahrscheinlich alle) eines gewaltsamen Todes. Dies ist weniger traurig, als es erscheinen mag, denn die Julier-Claudier waren insgesamt gesehen keine sehr netten Menschen.

1 (F) 14 n. Chr. Augustus stirbt an Altersschwäche.

2 (G) 37 Tiberius wird wahrscheinlich erstickt.

3 (G) 41 Caligula wird von seinen Wachen ermordet.

4 (G) 54 Claudius wird vergiftet.

5 (G) 68 Nero begeht Selbstmord.

DAS VIERKAISERJAHR

Nur der letzte, Vespasian, sollte den „Dezember“ erleben.

6 (G) 69 Galba wird von seinen Soldaten getötet.

7 (G) 69 Otho begeht Selbstmord.

8 (G) 69 Vitellius wird von Vespasians Männern getötet.

DIE FLAVIER

Obwohl die Flavier anfangs beliebt waren, nahm ihre Herrschaft ein böses Ende.

9 (F) 79 Vespasian stirbt an Altersschwäche.

10 (A) 81 Titus stirbt möglicherweise an einem Gehirntumor.

11 (G) 96 Domitian wird ermordet.

DIE GOLDENEN JAHRE

Die Adoptivkaiser, die jeweils ihre eigenen Nachfolger auswählten, hatten lange Regierungszeiten und starben friedlich im Bett.

12 (F) (A) 98 Nerva stirbt an Altersschwäche und Stress.

13 (A) 117 Trajan stirbt an einem Schlaganfall.

14 (A) 138 Hadrian erliegt einem Herzleiden.

15 (F) 161 Antoninus Pius stirbt an Altersschwäche.

16 (A) 169 Lucius Verus, römischer Mitkaiser, stirbt an der Pest oder an einem Schlaganfall.

17 (F) 180 Marcus Aurelius stirbt an Altersschwäche.

Septimius Severus, einer der glücklicheren Kaiser

DIE KRISENJAHRE

In den folgenden 100 Jahren wurde es wirklich gefährlich, Kaiser zu sein. Nur einer von insgesamt 30 starb im Bett.

18 Ⓖ 192 Commodus wird ermordet.

19 Ⓖ 193 Pertinax wird von seinen eigenen Soldaten getötet.

20 Ⓖ 193 Didius Julianus wird von Septimius Severus hingerichtet.

21 Ⓕ 211 Septimius Severus stirbt an Altersschwäche.

22 Ⓖ 211 Geta wird von seinem Bruder Caracalla ermordet.

23 Ⓖ 217 Caracalla wird ermordet.

24 Ⓖ 218 Macrinus wird hingerichtet.

25 Ⓖ 222 Elagabal wird von seinen Soldaten getötet.

26 Ⓖ 235 Severus Alexander wird von seinen Soldaten getötet.

27 Ⓖ 238 Maximinus Thrax wird von seinen Soldaten getötet.

28 & **29** Ⓖ und Ⓖ 238 Gordian I. und II., Vater und Sohn, regieren gemeinsam. Der Sohn fällt in der Schlacht, der Vater erhängt sich.

30 & **31** Ⓖ und Ⓖ 238 Pupienus und sein Mitkaiser Balbinus werden von ihren Soldaten getötet.

32 Ⓖ 244 Gordian III. wird von seinen Soldaten getötet.

33 Ⓖ 249 Philippus Arabs fällt in der Schlacht.

34 Ⓖ 251 Decius fällt im Kampf.

35 Ⓖ 253 Trebonius Gallus wird von seinen Soldaten getötet.

36 Ⓖ 253 Aemilius Aemilianus wird von seinen Soldaten getötet.

37 Ⓐ 260 Valerian stirbt in Gefangenschaft.

38 Ⓖ 268 Gallienus wird von seinen Soldaten getötet.

DAS GALLISCHE SONDERREICH

Da das Römische Reich zugrunde zu gehen schien, spaltete sich der nordwestliche Teil ab und wurde 14 Jahre lang von eigenen Kaisern regiert. Das Reich war zwar kleiner, der Job aber keineswegs sicherer.

39 Ⓖ 269 Postumus wird von seinen Soldaten getötet.

40 Ⓖ 269 Marius wird bei einem persönlichen Streit erdrosselt.

41 Ⓖ 271 Victorinus wird von seinen Soldaten getötet.

42 Ⓕ 274 Tetricus stirbt an Altersschwäche.

DIE SOLDATENKAISER

Starke Militärführer, die meistens vom Balkan stammten, stabilisierten das Reich und machten das Leben seiner Bürger sicherer. Für sie selbst blieb das Kaisertum jedoch höchst gefährlich.

43 Ⓐ 270 Claudius II. stirbt an der Pest.

44 Ⓖ 270 Quintilius begeht Selbstmord.

45 Ⓖ 275 Aurelian wird von seinen Soldaten getötet.

46 Ⓖ 276 Tacitus wird ermordet.

47 Ⓖ 276 Florianus wird von seinen Soldaten getötet.

48 Ⓖ 282 Probus wird von seinen Soldaten getötet.

49 Ⓐ 283 Carus wird angeblich vom Blitz getroffen.

50 Ⓖ 284 Numerian wird ermordet.

51 Ⓖ 285 Carinus wird von seinen Soldaten getötet.

52 Ⓕ 305 Diokletian stirbt an Altersschwäche.

DAS KONSTANTINISCHE ZEITALTER

Ab jetzt dankten immer wieder Kaiser ab. Sie starben also nicht im Amt, wurden jedoch im Allgemeinen kurz darauf umgebracht. Das Ganze stellte somit auf persönlicher Ebene keine große Verbesserung dar.

53 Ⓖ 305 Maximian dankt ab, später (Selbst)mord.

54 Ⓕ 306 Constantius stirbt an Altersschwäche.

55 Ⓖ 307 Severus II. dankt ab und wird ermordet.

56 Ⓐ 311 Galerius, Mitkaiser, stirbt an einer Krankheit.

57 Ⓖ 312 Maxentius ertrinkt im Tiber.

58 Ⓖ 313 Maximinus: (Selbst)mord

59 Ⓖ 324 Licinius dankt ab und wird ermordet.

60 Ⓕ 337 Konstantin der Große stirbt an Altersschwäche.

OSTKAISER UND WESTKAISER

Im Römischen Reich gab es von nun an immer zwei Kaiser, einen im Westen und einen im Osten. Die Kaiser mussten nicht mehr nur mörderische Familienangehörige oder Untergebene, sondern auch ihr Gegenüber im anderen Reichsteil fürchten.

61 Ⓖ 340 Konstantin II. fällt in der Schlacht.

62 Ⓖ 350 Constans wird von seinen Soldaten getötet.

63 Ⓐ 361 Constantius II. stirbt an einer Krankheit.

64 Ⓖ 363 Julian Apostata fällt in der Schlacht.

65 Ⓐ 364 Jovian stirbt an einer Kohlenmonoxidvergiftung.

66 Ⓐ 375 Valentinian I. stirbt durch einen Schlaganfall.

67 Ⓖ 383 Gratian wird durch Aufständische getötet.

68 Ⓖ 378 Valens stirbt nach einer verlorenen Schlacht.

DIE HERRSCHAFT DER HEERMEISTER

Roms letztes Feldheer ging mit Valens zugrunde. Danach war das Westreich den barbarischen Horden fast hilflos ausgeliefert. Einige „Barbaren“ wurden dann mit der Verteidigung des Reiches betraut. Schließlich übernahmen sie immer mehr die wirkliche Macht, während die eigentlichen Kaiser zunehmend zu relativ verzichtbaren Repräsentationsfiguren wurden.

69 Ⓖ 392 Valentinian II. wird bei einem Staatsstreich getötet.

70 Ⓕ 395 Theodosius I. stirbt an Altersschwäche.

71 ⓡ 408 Arcadius stirbt aus unbekannten Gründen.

72 Ⓐ 423 Honorius stirbt an einer Krankheit.

73 Ⓖ 425 Johannes wird hingerichtet.

74 Ⓐ 450 Theodosius II. stirbt bei einem Reitunfall.

75 Ⓖ 455 Valentinian III. wird ermordet.

76 Ⓖ 455 Petronius Maximus wird von „Barbaren“ umgebracht.

KAISER VON RIKIMERS GNADEN

Der germanische Heermeister Rikimer war viele Jahre lang der eigentliche Herrscher des Westreichs, der Kaiser nach Belieben ein- und absetzte.

77 Ⓐ 456 Avitus wird zur Abdankung gezwungen.

78 Ⓖ 461 Majorian dankt ab und wird hingerichtet.

79 Ⓐ 465 Severus III. wird abgesetzt.

80 Ⓖ 472 Anthemius wird hingerichtet.

81 ⓘ 472 Olybrius stirbt wahrscheinlich an der Pest.

DIE LETZTEN WESTRÖMISCHEN KAISER

In den letzten Jahren des Weströmischen Reiches zeigte sich dessen trauriger Zustand vor allem daran, dass man die letzten Erben des Augustus nicht einmal mehr für wert hielt, umgebracht zu werden.

82 Ⓐ 474 Leo I. stirbt an der Ruhr.

83 Ⓐ 474 Glycerius wird abgesetzt.

84 Ⓐ 475 Julius Nepos wird durch einen Staatsstreich gestürzt.

85 Ⓐ 476 Romulus Augustulus wird abgesetzt.

Römischer Kaiseradler

KAISERLICHE REGIERUNGSREKORDE

Kürzeste Herrschaft: 44 (Quintilius). Sie dauerte einigen Quellen zufolge gerade einmal 17 Tage.

Längste Herrschaft: 74 (Theodosius II.). Er regierte 42 Jahre.

Zweitlängste Herrschaft: 1 (Augustus). Er regierte mehr als 35 Jahre.

Jüngster Kaiser: 69 (Valentinian II.). Er wurde mit vier Jahren Kaiser.

Erster Kaiser, dem ein (nicht adoptierter) Sohn nachfolgte: 9 (Vespasian)

Letzter heidnischer Kaiser: 64 (Julian Apostata)

ULTIMA VERBA IMPERATORUM (KAISERLICHE LETZTE WORTE)

Weh mir, ich glaube, ich habe mich vollgeschissen.

CLAUDIUS, NACHDEM ER IN SENECAS WORTEN NOCH EINMAL „GERÄUSCHVOLL WIND ABGELASSEN HATTE"

Welch ein Künstler geht mit mir zugrunde.

NERO, BEVOR ER SICH DEN DOLCH IN DIE KEHLE STACH

Was tut ihr, Kameraden? Ich bin doch der Eure und ihr seid die Meinen.

GALBA ZU DEN SOLDATEN, DIE IHN TÖTETEN

Und doch war ich euer Kaiser!

VITELLIUS, ALS ER NACH SEINEM STURZ VON EINEM SOLDATEN VERSPOTTET WURDE

Mutter, hilf mir! Ich werde ermordet!

GETA, ALS ER IN DEN ARMEN SEINER MUTTER VOM BRUDER ERSTOCHEN WURDE

FEIERABEND

O ja, schon ist's genug, o ja, mein kleines Buch.
Wir sind am Schluss; nun willst du los ins Weite,
du bist nicht mehr zu halten in der Scheide,
als ob dein Stoff sich nicht erschöpft schon hat –
das hatte er schon nach dem ersten Blatt.
Schon klagt der Leser, der nun müde ist,
der Buchverkäufer spricht und der Kopist:
O ja, schon ist's genug, o ja, mein kleines Buch.

MARTIAL, *EPIGRAMME*, 4,89

DANKSAGUNG

Dieses Buch ist mehr als gewöhnlich das Ergebnis einer Teamarbeit, zu der Dutzende von Freunden und Kollegen ihre Lieblingsanekdoten und viele Literaturstellen beigesteuert haben. Ich möchte vor allem Adrian Goldsworthy und Ian Hughes mit ihrem militärischen Fachwissen erwähnen. Joanne Berry machte mich auf einige schwer zugängliche Materialien aus Pompeji aufmerksam. Rachel „Nephele“ Peel von UNRV versorgte mich mit äußerst wichtigen Quellen, während Michael Whitby den Text genauestens durchlas. Selbstverständlich bin ich für alle etwaigen Irrtümer allein verantwortlich.

Unter den antiken Autoren waren vor allem die Briefe des jüngeren Plinius, in denen er interessante Kuriositäten mitteilte, eine großartige Informationsquelle. Für den militärischen Teil konnte ich vor allem auf Caesar, der immer für eine gute Geschichte zu haben war, und noch mehr auf Frontinus zurückgreifen, der ein ganzes Buch voller Militäranekdoten zusammengestellt hat. Für den komischen Teil wäre vor allem die griechische Witzesammlung mit dem treffenden Namen *Philogelos* („Gelächterfreund“) zu erwähnen, deren leicht beschränkten „Helden“ ich *Elithios Phoitetes* genannt habe. Darüber hinaus fand sich viel Interessantes in den Kurzgeschichten des Valerius Maximus sowie in einigen Abschweifungen Xenophons, Cassius Dios und des Polybios. In Anbetracht der vielen tausend Seiten „Miszellaneen“ war es weit schwieriger zu entscheiden, was man aufnehmen als was man weglassen sollte.

BILD- UND QUELLENNACHWEIS

Alle Illustrationen aus Werken des 19. Jahrhunderts; Ausnahmen: 1, 71 Staatliche Museen Preußischer Kulturbesitz, Berlin; 153 Museum of Fine Arts, Boston; 99 Fitzwilliam Museum, Cambridge; 33 Ny Carlsberg Glyptothek, Kopenhagen; 10, 29, 105, 154, 156 British Museum, London; 107 John Paul Getty Museum, Malibu; 53 Staatliche Antikensammlungen, München; 152 Metropolitan Museum of Art, New York; 49 Museo Civico, Piacenza; 76 Private Collection; 30 Peter Inker © Thames & Hudson Ltd., London; 106 Archaeological Museum, Thessaloniki; 161 Museum of El Djem, Tunesien; 186 Kunsthistorisches Museum, Wien.

Martial, Epigramme, 4,89 S. 187 in der Übersetzung von W. Hofmann (Insel-Verlag, 1997)

INDEX

Actium 84, 99
Ad bestias 161
Afrika 8, 9, 10, 42, 76, 90, 95
Agrippina die Jüngere 104, 105, 154
Ägypten 8, 11, 25, 71, 99, 100, 114, 124, 156, 159, 168
Alanen 42
Alexander der Große 20, 29, 31, 67, 78, 106, 108, 113, 120, 172, 173, 178, 183
Alexander von Abonoteichos 111
Alexandria 11, 17, 18
Alkaios 44
Alkibiades 41, 85, 86, 87, 157
Ammianus Marcellinus 124, 131
Ammonier 9
Angeln 42
Antigonos Monophthalmos 32, 173
Antinoos 159
Antiochos III. 33
Antoninus Pius 182, 187
Aphrodisiaka 59
Aphrodite von Knidos 107
Apicius 102
Appian 10, 36
Appius Claudius 72
Aquae Sulis 47
Äquator 8
Archilochos 44
Aristoteles 46, 48, 57, 59, 119, 125
Armee 120, 180
Arrian 113
Artaxerxes II. 7
Artemidor von Daldis 66, 119
Artemistempel 20
Athen 19, 29, 45, 71, 78, 85, 87, 88, 137, 139, 143, 144, 149, 156, 157, 166, 178
Athene 53, 78, 117, 143, 152
Attila 16, 42
Auguren 49, 143
Augustus 37, 40, 52, 53, 67, 69, 74, 78, 80, 81, 82, 83, 84, 99, 105, 140, 168, 175, 182, 186
Aulus Gellius 28, 52, 150

Babylon 7, 12, 18, 67, 158
Balliste 38, 131
Belagerung 25, 29, 38, 52, 132
Bithynier 36
Bosporanisches Reich 10
Bosporos 13
Bukephalos 113, 120
Burgunder 42

Caligula 90, 105, 114, 182
Cannae 34
Cassius Dio 117
Cato der Ältere 121
Cato der Jüngere 174
Catullus 98, 116
Chrysippos 51, 173
Cicero 16, 38, 54, 68, 72, 95, 100, 139, 174
Circus Maximus 36, 83, 134, 136, 157
Claudius 40, 73, 104, 105, 154, 166, 182, 184, 187
Colosseum 136, 160
Commodus 117, 183
Crassus 15, 40, 151
Cursus Honorum 140

Dareios 31
Delphi 63, 70, 71, 76, 86, 106, 147
Demosthenes 41, 178
Diodorus 27, 124
Diogenes 50, 55, 86, 87, 107
Diogenes Laertios 50, 86, 87

Dionysios von Halikarnassos 64
Domitian 65, 182
Drakon 158
Dura Europos 28

Edelsteine 56
Elithios Phoitetes 12, 23, 60, 97, 112, 123, 139
Epaminondas 26, 27
Euphrat 7, 31
Euripides 62
Fahrzeuge 14
Flamen Dialis 55, 143
Franken 42

Gaius Iulius Caesar 35, 36, 53, 74, 75, 76, 84, 95, 100, 114, 122, 137, 145, 168, 171, 174
Gaius Marius 30
Galba 181, 182, 187
Gepiden 42
Germanicus 156
Gewürze 11, 12, 138
Giftgas 28
Gladiator 4, 40, 58, 134, 135, 151, 181
Grabmal des Mausolos 21
Großkönig 7, 31, 69, 99, 166

Hadrian 159, 180, 182
Hängende Gärten von Babylon 18
Hannibal 32, 33, 40, 41, 68, 111, 120
Hanno 8
Haruspices 49, 143
Hatra 29
Hercules 77, 91, 114, 152, 153
Hermen 157
Herodian 117
Herodot 8, 9, 21, 22, 78, 79, 118, 125, 155, 169
Hesiod 127
Hetäre 107
Hippokrates 56
Homer 15, 70, 129
Honorius 116, 180, 185
Hoplit 7, 29, 135, 166
Horaz 23, 45
Hunnen 42
Hygieia 66

Indien 11

Josephus 30, 38
Julia 82
Jupiter siehe Zeus
Juvenal 104, 127, 134, 163

Kambyses II. 25
Karthager 8, 40, 73
Karthago 34, 41, 112
Kleopatra 81, 99, 100, 168
Koloss von Rhodos 19
Konstantinopel 20
Kroisos 20, 70
Kyrene 9, 95, 109
Kyros 7, 70

Lais 107, 109
Langobarden 42
Legion 15, 17, 27, 31, 35, 36, 39, 40, 132, 140, 150, 171
Legionär 15, 27, 29, 30, 36, 132
Leonidas 40, 166, 167
Lesbos 44, 96, 127
Leuchtturm 18
Libyen 9, 22
Lindum Damniorum 12
Liquamen 102, 138
Livia 78, 81
Livius 27, 68, 148
Lucius Iunius Brutus 76
Luperkalien 58
Lyra 97

Macrobius 38, 81
Marcus Antonius 43, 81, 84, 99, 114, 168

Marcus Aurelius 62, 182
Martial 98, 101, 112, 134, 138, 139, 160, 162, 170, 187
Mausolos 21
Medusa 46, 53
Mesopotamien 7
Mithridates VI. 10, 36

Nasamoner 9
Nebukadnezar II. 13
Necho II. 8
Nero 67, 89, 90, 105, 154, 157, 160, 165, 182, 187
Nerva 65, 182
Nil 9, 12, 125, 159

Oase Siwa 71
Octavian siehe Augustus
Ödipus 2, 4
Olisippo 12
Olympias 78, 106, 173
Orakel des Zeus 63, 71
Orakelheiligtum des Ammon 9
Ostgoten 42
Ostia 17, 93
Otho 177, 182
Ovatio 39
Ovid 61, 101, 107, 112, 125, 126

Parther 40
Parthien 15, 155
Paulus Orosius 147
Pausanias 179
Peloponnesischer Krieg 37, 41, 43
Perikles 41
Perser 7, 25, 28, 29, 79, 131, 166, 167
Perseus von Makedonien 76, 77, 130
Persisches Reich 7, 31, 70, 113
Petronius 165
Phalanx 24, 29
Pharao 8, 22
Pharos 6, 18
Phidias 19, 20
Philipp II. von Makedonien 106, 113, 172, 173, 178
Philipp V. von Makedonien 25
Philippi 45
Phönizier 8
Phryne 107, 108
Pirat 10, 137
Platon 50, 56, 85, 88
Plinius 5, 9, 19, 21, 22, 40, 41, 46, 49, 50, 51, 56, 60, 104, 115, 119, 121, 122, 123, 124, 126, 127, 134, 168, 170, 171
Plinius der Jüngere 118, 170
Plutarch 5, 32, 33, 44, 51, 54, 62, 72, 74, 75, 109, 115, 120, 123, 124, 144, 147, 171, 174
Polybios 32, 33
Pompeius 10, 122
Pompeji 9, 17, 22, 23, 98, 127, 138, 149, 151, 161
Pontos 10, 35, 36
Poros 120
Poseidonios 51
Praxiteles 107
Priscus 16
Prometheus 153
Pselchis 12
Publius Claudius Pulcher 73
Publius Cornelius Scipio 34, 40, 148
Publius Decius Mus 169
Pyramide von Gizeh 21
Pyrrhos 28, 40
Pythia 70, 71

Quintus Servilius Caepio 147

Rotes Meer 8, 11

Sachsen 42
Sahara 9
Sappeur 29, 129
Sappho 96, 97
Sarmaten 42
Sassaniden 28

Säulen des Herakles 8
Schapur II. 69
Schierling 149
Schwarzes Meer 10, 13
Seidenstraße 11
Seleukia 12
Seleukiden 33
Septimius Severus 22, 29, 183
Servius Sulpicius Rufus 16
Sextus Iulius Frontinus 25
Sieben Weltwunder 18
Silphium 95
Skythien 10
Sokrates 80, 85, 86, 87, 88, 89, 149
Söldner 7, 29
Sparta 29, 40, 44, 166, 169
Spartacus 40, 150, 151
Sphinx 2, 4
Stilicho 180
Strabon 18, 19, 75
Straßen 13
Sueton 63, 65, 67, 69, 75, 81, 89, 105, 114, 115, 154
Symposion 133

Tacitus 16, 156, 157, 158, 160, 165, 167, 177, 184
Tantalos 61
Tarpeia 176
Tarquinius 64, 76
Thermopylen 40, 79, 166, 167
Thukydides 41, 43
Tiberius 67, 69, 112, 126, 156, 182
Tigris 12, 126
Titus 92, 182
Toga 90, 141
Trajan 12, 30, 181
Triumph 39
Tuchwalker 141

Valens 40, 42, 185
Valentinian I. 124, 185
Valerius Maximus 55, 73
Vandalen 42
Vercingetorix 171
Vespasian 38, 39, 63, 67, 78, 80, 89, 90, 91, 92, 93, 182, 186
Vestalinnen 14, 143, 162
Vitellius 39, 182, 187
Westgoten 40, 42, 116
Xenophon 7, 86, 126, 133
Xerxes 99, 166, 167
Zama 34
Zeus 19, 63, 73, 78, 106, 117
Zeus-Statue 19
Zug der Zehntausend 7